Managing The Unmanagable

每个员工都是未被开凿的宝藏

每个员工都是宝

【典藏版】

【美】安妮·洛约（Anne Loehr）
　　　杰斯拉·凯伊（Jezra Kaye）　■著

曹　磊■译

中华工商联合出版社

图书在版编目（CIP）数据

每个员工都是宝：典藏版 /（美）洛约，
（美）杰斯拉·凯伊著；曹磊译. ——北京：中华工商联
合出版社，2016.8

书名原文：managing the unmanagable

ISBN 978-7-5158-1746-0

Ⅰ.①每… Ⅱ.①安…②杰…③曹… Ⅲ.①企业管
理－人才管理 Ⅳ.①F272.92

中国版本图书馆CIP数据核字（2016）第178013号

北京市版权局著作权合同登记号：图字01-2012-6225号

每个员工都是宝：典藏版

作　　者：【美】安妮·洛约 Anne Loehr 【美】杰斯拉·凯伊 Jezra Kaye
译　　者：曹　磊
责任编辑：吕　莺　张淑娟
封面设计：周　源
责任审读：李　征
责任印制：迈致红
出版发行：中华工商联合出版社有限责任公司
印　　刷：三河市宏盛印务有限公司
版　　次：2016年11月第2版
印　　次：2016年11月第1次印刷
开　　本：710mm×1020mm　1/16
字　　数：180千字
印　　张：13.75
书　　号：ISBN 978-7-5158-1746-0
定　　价：39.90元

服务热线：010-58301130
销售热线：010-58302813
地址邮编：北京市西城区西环广场A座
　　　　　19-20层，100044
http://www.chgslcbs.cn
E-mail: cicap1202@sina.com（营销中心）
E-mail: gslzbs@sina.com（总编室）

工商联版图书
版权所有　侵权必究

凡本社图书出现印装质量问题，请与印务部联系。
联系电话：010-58302915

读者短评

本书的写作旨在为那些正在饱受问题员工困扰的各领域管理者们带来福音。安妮·洛约（Anne Loehr）、杰斯拉·凯伊（Jezra kaye）作为本书的两位作者，将凭借自己饱满的热情、广博的知识、敏锐的思维为你阐释"问题员工"产生的原因，以及如何针对这些情况采取相应的解决措施。

——汤姆·沃德，康奈尔大学酒店管理学院拜尔斯堡

餐饮旅游管理研究会执行董事

这是一本终极之作——它为我们有效应对员工可能出现的各种影响工作效率的情况提供了切实可行的解决办法，明确了采取这些行动将要发生的成本和收益。真希望我在 20 年前就能够拥有这本书！毫无疑问，洛约和凯伊的书为我们将令人头痛的问题员工转变为优秀雇员提供了一条捷径，也将有助于我们对自己的管理理念和方式进行自我审视。

——克里斯蒂娜·沙龙，《户外》杂志执行董事

无论你正在领导一个团队，开展一个项目，还是被自己下属的问题所困扰，这本书都将是你的必读物。当你打开这本书的时候，你会被它彻底吸引，甚至不能自拔。书中包含的那些绝妙的点子简直可以被称作"无价之宝"，它们可以帮助你发现、理解，并且有效应对那些让人头痛的问题员工。

——辛西娅·德·洛伦兹，《纽约之夜》游戏制作团队 CEO

《每个员工都是宝》使我们清晰意识到了很多成功管理者们曾经忽略的问题——那些问题员工。这本书提醒我们不要忘记他们，并且为问题的解决提供了同时有利于管理者和员工双方的有效方案。我自己就通过借鉴书中的办法解决了一个长期困扰我的问题。

——斯科特·萨克尔，象牙咨询公司 COO

每当需要的时候，洛约和凯伊的书总能为我及时提供帮助。在开办"向导"旅游公司之前，我曾经管理过一家规模上百人的航空工业公司，《每个员工都是宝》可是帮了我的大忙！你还没读过这本书吗？那就快来读吧！这对你和你的团队都很重要。

——杰弗瑞·沃德，向导旅游公司董事长

与洛约、凯伊两人的合作不但使我的公司达到了预期目标，也提高了我自身的管理和交际技能。在亲眼见证了他们的理念对于我的公司的巨大效应之后，我清楚地意识到这本书所包含的巨大价值。正如我所希望的那样，这是一本具有可操作性、循序渐进、轻松幽默，同时又能够帮你解决实际问题的有益之作。

——斯蒂文·戈登伯格，interfolio 网站 CEO

致 谢

　　在本书的编纂过程中，我们非常幸运地得到了来自团队同仁方方面面的帮助。正是在他们的协助和鼓励之下，我们才得以成长为一名真正的领导者，乃至一名真正的人。虽然这里不可能将他们的名字——列举出来，但是我们还是要向他们表示自己的感激之情。缺少了他们的帮助，本书也就不可能有真正面世的一天。

　　琼·弗莱彻（Joan Fletcher），我们的研究伙伴。正是由于她的加入，才使我们的研究步入正轨。罗斯·瑞沃（Rose River），作为我们的另外一名研究伙伴，她在我们最苦难的时候及时提供了有益的帮助，使我们的研究能够继续下去。经纪人格瑞斯·弗瑞德森（Grace Freedson），以及我们的编辑柯尔斯滕·戴尔利（Kirsten Dalley）、乔迪·布兰顿（Jodi Brandon）。在他们的帮助之下，我们的研究成果才能最终以本书的形式展现在大家面前。还有我们的父母、我们的兄弟姐妹，我们的侄男弟女，正因为他们始终如一的关爱和督促，我们才能够取得今天的成就。最后，还要感谢我们出色的丈夫和女儿：尼尔·伊南达（Neel Inamdar）和艾瑞娜·伊娜达（Arina Inamdar），杰罗姆·哈瑞斯（Jerome Harris）和罗瑞卡·哈瑞斯（Laurika Harris）。在过去辛勤笔耕的日子里，他们总是默默地支持我们，给我们以鼓励。在这里，我们想对你们说：我们爱你们，正如你们爱我们一样。

目　录

前　言

本书的写作资源主要来自两个方面。

首先是安妮在东非地区从事管理工作的亲身经历。那时候她和她的丈夫刚刚从康奈尔大学酒店管理专业毕业，初生牛犊不怕虎，急于在实际工作中检验自己的知识和能力。于是，他们很幸运地得到了管理、经营海龟湾沙滩俱乐部的机会。那是一家拥有 300 个床位，破烂不堪的餐饮娱乐企业，位于肯尼亚的瓦达姆（Watamu）。他们为了得到这个职位而做出的承诺是要在两年之内使这家濒临死亡的企业起死回生，并且能够赢利。

尽管安妮的丈夫是在肯尼亚长大的，但她却对肯尼亚包括野生动物在内的方方面面几乎一无所知。虽然如此，作为总经理，那时的她却不得不和 12 名肯尼亚籍的直接下属共事。这些部门经理大都比她年长，而且没有人拥有高中或高中以上水平的教育经历。

与此同时，本书的另一位作者杰斯拉还是波士顿的一名爵士乐歌手。在从事这个职业 18 年之后，她来到纽约，转行进入市场营销技能培训领域。于是，就在安妮为了在自己的酒店建立现代管理模式而绞尽脑汁的时候，大洋另一边的杰斯拉则在忙着编写教学方案，并且训练那些企业管理者和他们的雇员，帮助他们提高自己与同事之间、与顾客之间的交流沟通能力。长期实践使杰斯拉清晰地认识到交际能力的巨大作用，并且意识到这种能力是可以通过后天训练养成和提高的。在从事这个职业的过程中，她创立了属于自己的交际能力训练理念和课程。

2003 年，安妮返回美国。此时的她已经拥有了管理数百名基层雇员和中高层管理人员的实际经验，并且形成了属于自己的商业理念。她成功的秘诀在于能够认识到人的态度决定一切工作的成败，而良好的工作态度来自平时对于下属的管理和善待。只要创造合适的环境，任何人都可以成为出色的顶级员工。反之，在不恰当的管理环境中，最好的员工也可能发生蜕变，甚至最终成为难以共事的问题员工。解决问题的关键，在于企业管理环境的营造。

安妮·洛约，弗吉尼亚州，罗斯顿市
杰斯拉·凯伊，纽约市，布鲁克林区

内容提要

  本书的定位在于向读者剖析手下员工可能出现的各种问题行为，并提供相应的解决方案。这里所说的问题行为并非通常意义上的犯罪行为，而是可能为企业带来财产损失、秩序混乱等严重后果的日常细节问题。

  买到了这本书，也就意味着你得到了一次系统性了解各种问题员工的机会。这些问题员工可能是特别粗野，不会为人处世的；可能是极端的利己主义者；可能上班稀稀拉拉，下班生龙活虎；也可能平时豪言壮语，关键时刻掉链子；还可能做人毫无底线，胡作非为……如果愿意的话，我还可以举出更多例子，正所谓"林子大了什么鸟都有"。问题员工们的种种行为不仅会气跑顾客，还可能扰乱企业的正常秩序，导致整个团队风气的涣散。这些错误行为虽然可能达不到必须开除的严重程度，却会为企业带来日复一日的困扰，成为管理者的"噩梦"。在某些管理者看来，这些问题恐怕真的是永远无法解决的。

  事实果真如此吗？如果这些问题员工确实已经无可救药，你当然可以选择最严厉的手段解决问题，比如炒他们的鱿鱼，然后物色其他的人选来顶替他们。但是这样做的结果也可能让你赔了夫人又折兵，白白耗费时间和金钱，存在的问题却无法得到根本的解决。你也可以选择对自己员工的错误行为睁一只眼、闭一只眼，最终却可能自欺欺人，养虎为患。如果这两种选择都不能成立，那你恐怕只能用脑袋撞墙了。

幸运的是，你还有一种选择。虽然问题员工中的某些，比那些谎话连篇、坏事做尽，又总喜欢把责任推给别人的家伙，确实不可救药（即便给你改变他们的机会，你恐怕也不会乐意去和这样的人打交道），他们中的大多数却是可以通过你的适当管理实现转变的。比那些曾经拥有出色业绩的员工，那些拥有一技之长令你无法割舍的员工，还有那些虽然暂时存在问题，却仍然真心希望为你的团队贡献才智的员工。拥有能力、才智、发展潜力等等你所需要的一切的他们，如同蒙尘的美玉，只要稍加擦拭，依然能够光芒四射，成为你的左膀右臂。

害群之马？还是矿井里的金丝雀？

当你沉浸于问题员工带来的种种困扰而不能自拔的时候，你可能忽略了一个问题：这些问题员工的出现，在某种意义上，其实也帮了你一个大忙。因为他们的存在，恰恰意味着你的企业管理本身存在问题。

"帮了我一个大忙？别扯淡了！"你可能会这样认为。但你真的就那么肯定自己手下员工出现的各种问题和你的企业管理一点儿关系也没有吗？把这些所谓的"害群之马"扫地出门，就真的能让你的企业、你的团队从此天下太平吗？

在二十世纪早期的时候，煤矿工人总喜欢在井下饲养一些金丝雀，因为这种小鸟对矿井中氧气的减少要比人类更加敏感。一旦金丝雀出现异常反应，矿工们就会立即撤出矿井。换句话说，这些金丝雀就是矿工们的天然警报器。在某种意义上，问题员工也是企业的天然警报器，因为他们对于企业内部环境的异动的感知要比那些正常员工更加敏感。

安妮的当事人之一爱德华多先生就是一个很好的例子。爱德华多曾经向安妮讲述了自己如何"修理"手下一位名叫史班尼的雇员的经历。史班尼是爱德华多经营的一家非营利组织的中层管理人员。爱德华多认为她在与同事共同方面存在障碍，既不能明确自己的职责所在，也不能领会整个团队的经营意图。由此，爱德华多认为史班尼是他领导的组织近期出现的一系列问题的根本原因所在。然而安妮经过一段时间的调查研究发现，问题的真正原因恐怕并非表面上看起来那么简单。事实上，爱德华多领导的团队问题多多。比如他的团队缺乏主动进取精神，作风敷衍、得过且过，而且他的团队中间也缺少一位真正的灵魂人物。史班尼只是爱德华多团队所要面对的众多问题中的一个，她的错误也仅仅是不能找到自己在团队中的准确定位（在爱德华多团队中，她的情况并非个案）。与此同时，爱德华多本人乏善可陈的领导方式又加剧了她的问题（这在爱德华多团队中也不是个案），使她难以真正发挥自己的价值。

如果安妮仅仅将自己的视野限制在史班尼问题本身，忽略掉她所置身的企业环境，那么爱德华多团队和他本人都将错失一次改进、提高的良机。事实的结果很可能是史班尼被简单开除，爱德华多团队的各种问题依然如故，新的问题员工又将很快浮出水面。幸运的是，安妮和爱德华多并没有这样做，而是敏锐地意识到史班尼现象背后，整个团队所存在的一系列问题，并且及时制定了相应的解决方案。最终坏事变好事，在帮助史班尼的同时，改进并加强了整个团队的管理。

这个案例对于我们的启示在于：当你面对一个问题员工的时候，不要被表面现象所蒙蔽，过早做出结论、采取行动，而是要多问几个为什么，以更加开放的思维方式，追寻问题员工背后包含的深层次原因。

没有现成的解决方案

你可能很忙，甚至百事缠身、日理万机。即便如此，你还是有义务和责任动用一切可能的资源去帮助手下的员工。因此，当你翻开这本书的时候，你一定希望我们能够最快、最直接地提供给你一些把那些"害群之马"

迅速转变成"宝马良驹"的可行方案。但是，你的愿望很可能无法实现。

其实，我们也很希望自己的书能够如你所愿。然而不幸的是，世界上根本就不可能存在这样的书。因为人与人是不同的，面对不同的人必须采取不同的应对方案，一把钥匙只能开一把锁。人事管理是一项相当复杂的技能，需要耗费大量的时间和耐心才能掌握。人事管理技能的核心在于准确认清你所面对的对象，并且制定相应的措施付诸实施。这才是本书所要教给你的。

这本书接下来将要提及的很多人物都是文学杜撰出来的，但他们的原形却来自我们两人过去 35 年的真实实践经历。在阅读本书的过程中，你可以从我们管理问题员工的亲身经历中获得启发，学习帮助问题员工的一些基本技巧和策略，但你不能奢望得到可以直接采用的现成方案，因为它们根本就不存在。

没有两个员工是完全相同的

同样的，当你将本书中出现的例子与你手下的员工进行比较的时候，你会毫无悬念地发现，没有两个员工是完全相同的。你不必为此感到惊奇，甚至沮丧，有位哲人曾经说过，"世界上没有两片完全相同的叶子"。叶子如此，你所面对的员工也是如此，即便他们表面上看起来可能具有相同的坏毛病。

事实上，即使我们在本书中列举 1000 个问题员工的例子，你也将很失望地发现，这里面没有一个是与你所要面对的员工完全相同的。但你不必因此灰心丧气地认为："我在这本书里找不到与我所要面对的员工相匹配的例子，所以我的问题很可能是无法解决的。"事实并非如此，所谓天无绝人之路，世界上没有管理不了的员工，问题的关键在于你自己是否愿意开动脑筋，想办法。

授人以鱼，不如授人以渔。我们坚信，只要认真思考，你最终一定能够为自己的问题员工寻找到适合的解决方案。我们在本书中所要做的,则是教会你如何寻找和制定方案。为此,我们将向你系统展示应对各种复杂问题的逻辑框架、基本策略和应对技巧,使你最终能够自信地面对任何问题员工。通过阅读本书,你可以获得一些对问题员工进行判断和管理的基本方法,但你不可能奢望走捷径地得到现成的解决方案。我们所能教给你的,只能是应对各种复杂情况的某些基本能力。

对于你来说,本书就相当于一本地图。它将引领你和你的员工共同走上一条改善、提高之路。在这条路的终点,你将获得一个更加出色的团队,以及面对任何复杂问题的能力和勇气。

这对于你来说是否很容易呢?可能不是的。

但这是否值得你花费时间和精力进行尝试呢?答案是肯定的。

问题员工是天生的还是后天养成的 1

　　"问题员工究竟是天生的还是后天养成的？"这是一个很有意思的问题，不是吗？当你手下的某位问题员工将你的办公室、你的团队，乃至你的生活搅得一塌糊涂的时候，你很可能会发出这样的感慨："天啊，这个家伙难道一生下来就是这样吗？这么愚钝糊涂，这么思维混乱，这么难于管理，这么……"除非你是那种特别知人善任，并且始终避免让自己过于主观臆断的人力管理天才，否则的话，你肯定会顺理成章的认为："这家伙天生就不是一个好员工；他根本不能胜任自己的职位；他是个笨蛋，他自私自利，他无可救药！"坦率地说，作为一个普通人，面对这样的情况，想要不产生上述想法其实很难，因为你的员工每天都在用自己的所作所为引导你产生这样的想法。即便他偶尔出色地完成了某项工作，你可能也会有意无意地对此视而不见。

　　在安妮过去的实际工作经历中，几乎每个她领导的部门经理都会对自己的员工产生这样或者那样的抱怨。有意思的是，他们手下的员工也会对这些在他们眼中根本不称职的领导意见多多。问题的后果是严重的，据安妮估计，每年由于各种管理问题所造成的损失，平均下来，要占他们公司产值的 30% 左右。

　　安妮面对的问题很糟糕，却并非没有解决的办法。那些因为管理环境所造成的问题员工与那些天生不称职的家伙其实存在着明显的差别。多年的一线管理经验使我们有理由相信，多数问题员工都是可以通过相应的解决措施进行挽救的。他们所谓的"不称职"，也只是暂时的，是可以转变的。相对于那些天生不可救药的家伙，我们可以把这些人称为"假性问题员工"。在他们身上，蕴藏着你所需要的各种潜在资源。问题的关键，在于你能否及时而敏锐地发现，究竟是什么原因造成了手下员工的不称职。

几个案例

作为企业管理顾问的安妮和作为市场营销培训师的我，经常能遇到各种各样被自己手下的问题员工搞得焦头烂额、几乎对他们丧失信心的企业管理者。这些管理者找到我们的时候，通常状态都是既筋疲力尽又无比沮丧，并且把自己手下的员工说得一无是处。在这里，我们可以说说安妮的一位主顾——李先生的例子。

李先生是一家国际非营利组织的执行董事。他的职责是维持自己的组织与它的各方资助者之间的良好关系。说得更直白一点，李先生的工作就是哄别人开心。然而令人遗憾的是，担负这项工作的李先生自己却很不开心。这一切，都是因为他手下一名叫菲利浦的问题员工。

在李先生看来，菲利浦肯定是全宇宙最没有自知之明的人。日常工作中，他不懂得控制自己的情绪，也不关心自己的所作所为对别人可能造成的影响。在我们看来，菲利浦是一个缺乏人际交流能力的典型案例。当李先生向安妮谈到菲利浦的时候，他显然已经对这位员工完全丧失了信心："我知道您是一位出色的顾问，但是您的努力不会对菲利浦起到任何作用。他以前也曾经接受过类似的培训，可是毫无效果。我已经和人力资源部门打好招呼了。如果您的办法还不行，就让他滚蛋！"

安妮遇到的另一个案例是苏和她的问题员工达芙妮。达芙妮是一家企业的中层管理人员，负责企业的公关项目，日常的公关对象以政治家为主。她的主要职责是为这些政治家编写简明而富于鼓动性的宣传材料，并在投票人中进行推广宣传。这项工作听起来很简单，也很有意思，可是达芙妮的表现却实在令人失望。在实际工作过程中，她搞不清她的委托人究竟支持哪项提案，甚至根本不知道她的委托人究竟要在哪个州参选。看到这里，你可能认为达芙妮的智商存在问题。然而事实并非如此。达芙妮是名牌大学的毕业生，并且具有出众的语言表达能力。正因为这样，她才能够脱颖而出，得到今天的职位。可是现在，所有这一切对于苏都已经没有意义了。就像前面提到的李先生一样，苏早已在心里彻底放弃了达芙妮。现在的她只希望达芙妮能够识相一点，主动辞职。

　　安妮的第三个案例是鲁迪先生。他雇佣安妮为自己手下一位名叫西莉亚的员工解决问题。在过去的工作经历中，这位员工表现得很出色，可是后来，西莉亚似乎突然失去了曾经具有的那些能力，把自己的工作搞得一塌糊涂。问题的原因似乎在于西莉亚私生活中出现的某些问题，这使她寝食难安，并且最终影响了工作。虽然她的情况是可以通过采取相应的措施进行调整的，然而就和前面提到的李先生和苏一样，鲁蒂先生也认为自己的手下已经到了无可救药的地步。"我知道西莉亚很热爱自己的这份工作，可我已经不能再袒护她了，如果她不能很快好起来，就只好收拾东西走人。"鲁迪先生万分痛心地说。

抓住问题的关键

　　当安妮与主顾合作的时候，她总会首先要求他们为自己将要开展的工作设定5个目标，对问题员工本身却避而不谈。

　　鲁迪先生设定的目标之一是提升自己团队的工作效率和能力。为了进一步明确这个目标，安妮对鲁迪先生提出这样一些问题，例如："在你的团队中，谁是你最值得信赖的人？谁是你最信不过的人？谁的工作状态比较正常？谁的工作状态可能存在问题？"（这些提问是解决问题员工难题的关键环节，本书将在后面的部分做出详细说明）在思考这些问题的过程中，鲁迪先生会顺理成章地得出结论：所谓"提升自己团队的工作效率和能力"目标的核心，就是要对西莉亚采取行动。西莉亚问题由此被凸显出来，成为解决鲁迪团队一切问题的关键。

随着关键问题浮出水面，鲁迪先生变得比以前更加暴躁。"难以置信，我居然会在西莉亚身上花费这么多时间和精力！"在每周约定的咨询时间，鲁迪先生总会向安妮发出这样的抱怨："我为此失眠，她已经快要把我搞疯了。"这些看似可笑的抱怨背后包含了这样一个严肃命题：在当今严酷的商业竞争环境中，有效解决手下那些问题员工，是关乎企业生死存亡的重中之重，也是每个企业管理者必须严肃面对的问题，虽然你可能因此失眠。

问题员工对企业的影响是巨大的，也是每个管理者无法回避的。团队里出现了问题员工，就像是鞋里面跑进了小石子儿，时刻为你带来不快，最终成为你一切怒气和怨愤的主要根源。你忍受着他为自己带来的不快，无时无刻不在寻求问题的解决办法，殚精竭虑，却又无可奈何。

尽管如此，我们还是很高兴地发现，多数管理者仍然希望给手下的问题员工更多机会，虽然他们可能并不喜欢这些员工。这就为问题的最终解决提供了必要的前提条件。比如前面提到的李先生。虽然他很为自己手下缺乏交际能力的菲利普头疼，认为雇佣菲利普就是一个彻头彻尾的错误，却仍然希望安妮能够帮助他走出困境。令李先生吃惊的是，在安妮的帮助之下，菲利普真的从困境中摆脱出来，不仅成了李先生工作中的左膀右臂，还成了他生活中的好朋友。

透过现象看本质

李先生之所以能够容忍菲利普，对他的转变保持信心和耐心，原因之一，是因为李先生本人在我们的启发下提高了认识。最初的时候，我们很难让李先生相信，他和他的团队对于菲利普出现的问题是负有一定责任的。但是后来，李先生终于认识到，一个团队就如同一个经济系统，其中的各种因素是相互作用的。例如，在与安妮的一次谈话中，菲利普曾经提到，他们单位所进行的各种活动并非百分之百的非营利性质，这是与本组织的初衷相违背的。得到这一信息的李先生及时对自己团队的管理模式进行了调整，使它的运作变得更加透明。在这个过程中，李先生惊喜地发现，不仅是菲利普，团队中的每个人都因为团队和个人角色的明确而变得更加具有工作效率，整个团队的实力由此得到了大幅度的提升。

类似这样的结果，只有当你能够透过问题员工所显露的纷繁表象，抓住他们背后蕴含的深层信息时才能够达到。然而令人遗憾的是，多数管理者对于问题员工的认识仍然局限在表层水平。他们到我们这里来寻求帮助，并非只是简单地说上一句"我的某某下属是个饭桶，毫无价值"，而总是会不厌其烦列举出手下的种种"恶行"，比如"她根本不值得信任；他办事从来就没合过我的心意；她对工作安排挑三拣四；他满腹牢骚……"

相比管理者口中"恶行"的花样百出，安妮的反应总是一成不变："如果你手下的员工存在这样、那样的毛病，你认为究竟是什么原因导致了如此的结果呢？"安妮的问题往往能够引导管理者开始更加细致地观察和思考，并且得出某些深层次结论，比如："也许她对现在的工作不感兴趣；也许他对自己在团队中的定位仍不明确；我发现她在面对新工作时可能存在畏惧心理；似乎有问题正在困扰他，我要抽空和他谈谈……"

经过几次耐心、细致的探讨之后，安妮的委托人大多能够逐渐认识到问题员工背后存在的，那些导致他们工作失常的深层次问题。当他们再次谈起这些让自己头疼的问题员工的时候，体谅的理解代替了肤浅的指责："她失去了工作的动力只是因为最近遇到的挫折使她丧失了信心；他效率低下只是因为他还没有理清自己在团队中的位置；她心不在焉可能是因为最近家中出了事情……"

能够认识到这些，也就具备了对问题员工采取相应措施的前提。如果你喋喋不休的指责已经对员工的工作产生了消极影响，那么你就可以考虑适度地减少、甚至完全放弃使用这种管理方法。如果员工对自己的角色还不明确，你也可以耐心地为他进行说明。如果员工的交际能力存在缺陷，那就给他时间，让他学习、提高。总之，针对不同的问题员工，总会有相应的解决方案，帮助他们战胜困难，提高工作水平。

相比肤浅地关注某些表面现象，透过现象看本质需要你付出更多的努力，但这是值得的，因为它将真正帮助你通过观察和思考，抓住解决问题的要害所在。

注意发现问题员工的早期信号

众所周知，在当今社会，人们除了承受个人日常生活的压力之外，还要面对来自工作环境的压力，这可能导致你手下的员工出现各种各样的问题。在下面的文字中，我们将向你详细展示员工由于工作压力所导致的各种问题，它们可以作为管理者识别问题员工的早期信号。如果你在日常工作中发现了这些早期信号，就一定要认真对待，因为它们可能引发其后的一系列严重后果。

缺乏工作热情

对工作成果期望过高，对工作前景悲观失望，与同事、领导关系紧张等等很多原因都可能造成员工情绪的沮丧。不论这种情绪波动是长期的，还是暂时的，都可能对员工的工作热情造成损害，影响工作效率。作为管理者，你应该时刻注意手下员工是否出现了类似以下的言论：

» 我干什么都不行！

» 现在的工作根本不是我原先希望的那样！

» 公司里的那帮家伙让我无法忍受！

对自己的工作充满迷茫

人与人之间对某件事情发生误解和歧义是相当普遍的事情。具体到工作方面，人们对工作中的基本原则、团队的发展目标、公司的长期规划、同事间的相处方式等问题都可能各有各的看法，无法达成共识。企业领导者发布的指令在传达到员工耳中的时候，也可能并不如他原先期望的那样简明清晰。作为员工也不见得就会因此向领导进行求证，主动为企业避免损失。有些时候，企业的领导者和管理人员也会因为各种各样的原因，比如为了避免不愉快的发生，或者维护自己手中的权力，别有用心地向自己的下属发出错误的信号。所有一切，都可能导致员工对自己所承担的工作在理解上发生混乱和迷茫。在这种情况下，他们经常发出类似下面的牢骚：

> » 我真不明白老板到底想让我怎么样！
> » 我不管干什么，都不能合他的心意！
> » 他对我做的每件事情都不满意！

缺乏自信

职场中的很多人都有突然面对自己原先毫无了解的工作领域，却又不得不硬着头皮"赶鸭子上架"的经历。在这种情况下，人很容易对自己的工作能力产生怀疑，进而丧失自信。这种情况一旦持续下去，员工就可能对工作产生抵触情绪，最终变成问题员工。下列言论可以作为判定员工出现自信心缺乏的早期信号：

> » 我真不明白，他们凭什么相信我可以干好这件事情！
> » 这事儿太难了，我根本干不了！
> » 或许，我应该考虑换个工作了！

个人问题

当你手下的员工出现诸如突然变得沉默寡言、很难集中注意力专心工作等状况的时候，他很可能是受到了来自工作以外的各种问题的干扰，比如罹患重病、人际矛盾、经济压力，为赡养父母或抚养子女操心等等。如果这些问题不能得到及时干预，就很可能影响工作，导致问题员工的出现。如果手下员工出现了类似下面的言论，你就很有必要提供必需的关怀和帮助：

» 我已经失眠一个星期了！

» 我无法专心工作！

» 现在的日子实在太难熬了！

注意行为举止的突然变化

人行为举止的突变，可以暗示内心情绪的剧烈波动。如果你部门里的"笑话大王"突然变得缺乏幽默感了，如果办公室里一贯风度翩翩的绅士突然蓬头垢面、不修边幅了，作为他的直接领导，你就应该考虑他是否遇到某些麻烦了。因为行为举止的异常，很可能是问题员工出现的先兆。

本书将要讨论的 11 种问题员工

通过以上讨论可以发现，诸如个人压力、缺乏自信、对工作要求认识不清等因素均可以不同程度地导致问题员工的出现。然而正如同样的感冒病毒在不同人身上可以引发不同的感冒症状一样，这些因素对于员工的作用也是因人而异的。因此，你也不可能准确预言某种原因就一定会在员工身上产生某种相应的后果。你所能做的只是在这些早期症状被发现的第一时间，及时采取相应的干预措施。

同时，我们还要再次强调，即便无法在本书中找到与你所要面对的问题员工完全相同的案例，你也没必要灰心丧气。所谓"林子大了什么鸟都有"，问题员工有千千万万。我们的任务并非是把所有类型的问题员工毫无遗漏地列举出来，并且提供相应的解决方案，而是教会你一些基本方法和策略。通过阅读本书，你将从根本上获得应对各种问题员工的能力和自信。

借口制造者

所有问题员工都是令人头疼的，借口制造者尤甚。因为他总是能够为自己的各种错误百般狡辩、自圆其说，让你有苦难言。当问题发生的时候，借口制造者经常习惯性地把责任推卸给同事、顾客，甚至作为直接领导的你。他编造的借口千奇百怪，只有更怪没有最怪，永远能挑战你的心理极限。直到你气得发疯，恨不得把他一脚踹出大门。

牢骚专家

没有一位管理者希望自己的下属中出现牢骚专家。这些天生具有否定怀疑精神的家伙会对团队所做的一切冷嘲热讽、抱怨连天，最终导致所有团队成员悲观失望、毫无斗志，尽管他们的本意可能并非如此。

自我感觉良好

此类员工可以说是将人性中自负的一面发展到了极端的高度，他们的眼里只有"我"。应该承认，适当的自负对于人的发展是有益的，过分地自负、自傲却会对自己和他人造成伤害，最终事与愿违，损人不利己。

人性有一个弱点，就是总会一厢情愿地认为自己所做的一切都是合情合理的，并且天真地相信别人也会通过观察自己的所作所为认识到这一点。在这方面，因自负而自我感觉良好的问题员工表现得尤其突出，往往得罪了所有人，自己却还认为天下太平。

迷失方向

迷失方向的问题员工就是那种永远无法按照团队的既定目标行事的

人。他一贯认为真理掌握在自己手中，并且武断地拒绝任何不同意见。十足的个性使他充满开拓精神，却又难于控制。你会如何面对这样一位活力十足，永远挑战团队意志的问题员工呢？

嘻嘻哈哈

有这样一句古老的格言：当你向世界微笑的时候，世界也会向你微笑。话虽如此，你的客户却可能不这样认为，如果他恰好遇到的是你手下某位爱开玩笑的老兄，而他本人又缺少欣赏幽默的天赋和心情的话，嘻嘻哈哈的态度会让客户觉得自己不被重视，甚至受到愚弄，最终负气而走。这恐怕就不那么好笑了。

专扫他人瓦上霜

专扫他人瓦上霜的问题员工是那种永远乐于帮助别人，却将自己的工作抛在脑后的热心人。对于这种可气又可爱的家伙，你很难下狠心解雇他们。因为他们不但人缘极好，还是团队中的灵魂人物，对于整个团队的运作，发挥着无可替代的积极作用。

缺乏自信

你的员工中有那种特别胆怯害羞，不敢承担任何指责的人吗？他总是有意识地掩饰自己的存在，避免和团队中的其他成员交流，也不主动面对任何问题。这样的人可能具有工作潜力，却无法在团队中真正发挥自己的作用，除非你把他逼到墙角，或者给予他足够的自信。

制造流言

在散布怀疑、不满方面，制造流言的人具有得天独厚的优势。流言泛滥的结果不仅是浪费本人和团队中其他成员的时间、精力，还将对整个团队内部的和谐气氛造成巨大的负面作用，特别是当这些流言、闲话涉及团队最高领导层的时候。

精神涣散

精神涣散的员工并非天生懒惰，此前也可能拥有过出色的工作经历。涣散的精神状态却使他对工作抱着无所谓的态度。来自于你的责备、督促都将变得没有意义。于是，你不得不一次又一次地反复纠正他在办公室里的涣散行为，比如上班时间"煲电话粥"。尽管他有更合适的场所和时间进行此类娱乐活动。

不通人情世故

不通人情世故的原因既可能是个人性格上的刚愎自用，也可能是天生的粗鲁、无礼。作为领导，你曾经无数次提醒她注意自己的言行举止。他却仍然一次又一次地冒犯同事，甚至完全不把你放在眼里。

开小差

如果你的员工总是无故迟到早退，忽视自己的工作职责，那么他的行为就可以被定性为"开小差"。"开小差"的直接后果将是大量工作积压，计划拖延，重要信息无法得到及时反馈。除此之外，一个人"开小差"还将间接影响团队整体的工作热情，因为攀比心理将使大家自然而然认为："我不用太努力，还有人比我做得更差。"

很多时候，对于这些"开小差"的家伙，你尽管竭尽全力进行挽救，却仍然无法避免他们被"炒鱿鱼"的命运。

5C 方案

在本书的所有章节中，第 2 章处于核心位置。无论是否能从本书中找到与你所要面对的问题员工完全相同的案例，通过第 2 章的学习，你都将学会作为应对所有问题员工基础的"5C 方案"。这个方案将成为你针对多数问题员工，制定相应解决方案的基本框架。拥有了它，你在任何问题员工面前，都可以保持充分的自信和镇定。

关于附录

附录将集中收录本书 3 至 13 章提及的各类表格。掌握并使用它们，将有助于你有效应对任何问题员工。

学会爱你手下的问题员工

如果你已经拥有了足够漫长的一线管理经验的话，恐怕你也或多或少地经历过一些不同类型的问题员工，并和他们斗智斗勇。不管你对这段经历的回忆是愉快的、厌恶的，还是无所谓的；不管那些问题员工最后的结局究竟是改造好了、退休了，还是不幸被解雇了；本书以及书中的案例都将帮助你从容面对将来可能遇到的任何问题员工。在本书中，你将学会：

» 如何通过言行举止准确识别问题员工；

» 针对不同问题员工制定相应的解决方案；

» 采用适当的技巧和策略帮助你的问题员工走出困境，成为优秀员工。

从现在开始，你将停止那些关于问题员工徒劳无益的喋喋抱怨，着手学习如何打造一支士气高昂、充满求胜欲望的团队，并且从中受益。你准备好了吗？

5C 方案

2

相比有生命物体，无生命物体似乎更加容易管理。比如房子里面变冷了的时候，你只需要把暖气开大点，问题就能搞定。如果暖气坏了，你也可以先穿上毛衣凑合一阵，然后再把坏了的暖气修好或者更换掉。但是，当管理对象换成人的时候，问题可能就不这么简单了。尤其是在商业管理方面，错综复杂的人事问题几乎是每个管理者所要面对的"常态"。这也正是为什么要求每个管理者必须具备能够综合处理各类复杂问题的较高能力的根本所在。

本书将应对问题员工的过程大致划分为观察、分析、判定、接触、解决5个步骤。这个基本框架将引领你按部就班地解决问题，并且走向最终的成功。

改造问题员工是一项非常枯燥、繁重的工作，但是如果你仅仅把它当成一件苦差，应付了事的话，那就不如根本不做。在这个过程中，你所要投入的不仅是金钱、时间，还有感情和关怀。只有这样，让人头疼的问题员工才能真正在你手中脱胎换骨，成为呱呱叫的优秀雇员。如果你已经做好了承担这一切的心理准备，就让我们开始工作吧！

"5C 方案" 将令你一劳永逸

正如本书已经反复强调的那样，任何问题员工都是可以挽救的。下面，我们将详细介绍挽救问题员工的 5 个基本步骤：

1. 决定挽救还是放弃（commit or quit）

2. 交流接触（communicate）

3. 明确目标和角色（clarify goals and roles）

4. 沟通引导（coach）

5. 建立责任监督机制（create accountability）

由于显而易见的原因，我们将这一针对问题员工的应对模式简称为"5C 方案"（首字母均为 C）。"5C 方案"将为你挽救问题员工，提供一个最基本的思路。掌握这一思路，将确保你所设计和采取的行动逻辑清晰、连贯，具有条理性，获得最大的成功概率。

"5C 方案"的 5 个步骤是紧密联系、前后关联的，任何步骤的缺失和错乱都将导致整个计划的失败。虽然这并不意味着你必须在每个步骤上平均分配精力，但前一步骤的完成是下一步骤开始的条件。所以在采取行动时，通常应该按部就班地完成全部 5 个步骤。

第 1 步：决定挽救还是放弃（commit or quit）

作为管理者，当你面对问题员工的时候，首先需要解决的问题就是考虑清楚，究竟是继续挽救他，还是干脆炒他的鱿鱼。下这个决心需要慎之又慎。你必须在保全一个有瑕疵的老员工，还是重新招聘一个有潜在风险的新员工的利害关系中进行权衡。选择前者，就意味着你必须为你的员工付出大量而真诚的劳动，绝对不能抱着"试试看"的态度，敷衍了事。为什么呢？

我们可以设想一下，如果对你来说最重要的人不幸遭遇了某种麻烦，比如婚姻破裂、罹患癌症、交通事故等等。你会仅仅抱着"试试看"的态度，敷衍了事，而不竭尽全力地帮助他摆脱困境吗？显然不会。同样的，当你决定挽救一个问题员工的时候，你也必须付出百分之百的真诚努力。只有当你真心实意地帮助一个人的时候，他才会发自内心地予以回应，认真配合你的努力。你可以不喜欢某位问题员工，但是当你决定帮助他，并且准备将他转变为自己团队中的一笔财富的时候，你就必须心贴心地对待他，帮助他成长，并取得工作的成功。

顺便说一句，如果你已经决定挽救某位问题员工，却在后来的努力过程中发现原先的设想并不可行的话，你也可以随时终止行动。特别是在员工本人因为各种原因不配合你的努力的时候。"5C 方案"的任何一个步骤，都必须以你和员工间的配合、呼应为前提。

当你依据"5C 方案"采取行动之后，你对于问题员工的态度就会逐渐发生微妙的变化。虽然这并不一定意味着你们将在短期内成为亲密无间的朋友，却可以有效缓解困扰着你们的紧张、压抑情绪，并使整个团队从中受益。

在本书第 3 章中，你将学习使用一种名叫"利害得失工具表"的分析表格的使用方法。它将帮助你在挽救还是解雇问题员工的利害关系中进行权衡。除此之外，这张表格还包括一些能够对员工潜力进行主观评价的相关项目。借助这张表格，所有可以量化的项目都将被清晰量化，不能被量化得项目也会得到系统整理，这将使你在做出最后决定的过程中有根有据、信心十足。在本书的第 3 章，我们将一步步引领你学习使用这张表格，并将向你展示依据表格做出决断的整个过程。

第 2 步　交流接触（communicate）

假定你已经决定采取行动，挽救自己手下的某位问题员工了，那么你接下来必须做的，就是和这位令你头疼的老兄进行一次推心置腹的坦诚交流。虽然在很多管理者那里，类似这样的谈话都是被竭力避免的。

在这场谈话中，你可以依据上一步骤已经收集到的信息提出自己的看法。如果幸运的话，你的员工将与你达成共识。即便无法达成共识，你也没有什么好担心的，至少你借此知道了你们之间还存在着某些分歧。通过这样的交流接触，你们可以共同对目前存在的问题进行确定，并且齐心协力地解决问题。

这里，我将教会你如何与员工沟通，达成共识。你的杀手锏是下列10个问题（这10道问题也被收录在书后的附录B中）。在与问题员工沟通之前，你有必要认真思考以下表格中的10个问题，并以此为基础制定提纲，确保将要发生的谈话顺利而有目的地进行：

与问题员工沟通前你需要认真考虑的 10 个问题
1. 我的员工目前存在的主要问题是什么？
2. 我作为管理者与这些问题之间是否存在一定关系？
3. 这些问题对你我的员工的工作产生了何种影响？
4. 这些问题对我们的团队产生了何种影响？
5. 目前我可以采取什么行动？
6. 我的员工对于这些行动将会如何反应？
7. 我在什么时候约他谈话比较合适？
8. 我希望通过这次谈话获取何种信息？
9. 我将向员工提出什么问题？
10. 我如何判定这次谈话达到了预期目的，取得了成功？

正如你所知道的那样，充分的准备是取得成功的必要条件，也是完成本环节的关键所在。在约见问题员工进行沟通之前，你有必要对此次谈话的目的，以及你所希望获取的信息进行明确。只有这样，你才能够确保在与员工的沟通中始终保持主动，控制住谈话的节奏和方向。除此之外，为

了保证你们的谈话最终能够达成共识，你还有必要对自己在整个过程中所要采取的态度、语气进行预先设定，例如：

> » 恭敬的：有礼貌地说话，不要随便提高声调；
>
> » 客气的：保持互动，耐心聆听对方的意见；
>
> » 自然的：客观地摆事实、举例子，不要随便否定对方的意见；尽量不要使用类似"就是你错了"、"没错，就是这样"的绝对语气，而要试着采用诸如"我们在这个问题上可能存在分歧"、"真不敢相信"之类的商量口吻；
>
> » 负责的：要勇于承担责任，不要动辄把问题归咎于员工；相比"你简直要把我逼疯了"、"换了你，你会怎么想"等等，隐含有指责对方意味的说话方式，诸如"当问题发生时，我也手足无措"或者"我对你的某些行为确实不理解"之类的口吻可能更加容易让你们实现沟通；
>
> » 自信的：如果你和员工无法实现顺利沟通，那么你可能因此失去了一次建立互信的机会。在这种情况下，以你为主导的"报告式"谈话可能是比较理想的补救方式。在这个过程中，你最好向员工灌输一些如何把工作做好的基本的原则和道理，而不要列举太多的实事。

交流接触作为"5C 方案"的第 2 步可以包含一次或者若干次谈话。当这个步骤结束的时候，你和你的员工至少应该达成这样的共识：目前确实有问题存在，这些问题正在损害整个团队，你们的任务就是要齐心协力使问题得到解决。在此基础上，我们就可以进入"5C 方案"的第 3 步了。

第 3 步明确目标和角色（clarify goals and roles）

多数人自信地认为自己可以对所要从事的工作目标明确把握，然而事实却并非总是如此。当员工无法对自己从事工作的目标进行定位的时候，他也就无法明确自己在团队中所要扮演的角色，进而对整个团队的工作造成扰乱。这种情况在问题员工身上相当普遍。

明确自己的目标

安妮曾经工作过的防务情报中心流传着这样一种说法："一小步偏差就可以造成最终目标的偏离（失之毫厘，谬以千里），而且在这种情况下，工作得越努力，造成的偏差也就越大。"同样的情况也可能存在于你所管理的公司。有些时候，一个问题员工的失误，就可以带歪整个团队的工作方向。

目标

在接受工作的时候，每个人都希望获得明确的目标，否则，他们就很容易出现迷茫。个人对于工作目标的迷茫又可能造成整个团队工作的偏差，耗费人力物力，最终令局面变得不可收拾。因此，事先对工作目标进行明确，将有助于工作的顺利进行。

每个员工都要对自己的工作目标了然于心。设定的目标不能是随意的、不切实际的，必须是目的明确、条理清晰的。在本书的第 6 章，你将具体学习如何帮助员工明确工作目标，并且与员工取得共识。

角色

每个公司或团队都要对自己的角色进行定位，同样的，团队中的每个人也要对自己所要扮演的角色心知肚明，因为角色决定了你在团队中所要发挥的作用。这种角色有时候会通过每个人的职位得到明确暗示，有些时候却可能不会。

每个人在团队中往往同时扮演着两种角色：正式的和非正式的。所谓正式的角色，就是公司花名册上显示的，你所获得的职务；非正式的角色则要通过你在团队中的人际交往，潜移默化地得到决定。很多时候，一个人的正式角色与非正式角色，也就是他的职务与他在团队中的实际影响力是不成正比的。

第4步　沟通引导（coach）

多数问题员工的造成往往可以归因于态度问题。在这里，我们将"态度"定义为促使一个人进行各种活动的内在动机。虽然有的问题员工可以通过你的一两次谈话，明确自己的目标和角色，使问题得到改观，然而多数问题员工的转变还需要你从"态度"角度做出更加深入的工作。作为管理者，你是对手下问题员工进行沟通引导的最佳人选，并且责无旁贷，虽然很多管理者可能并不这样认为。

这种能力其实很容易获得，并且可以便捷地运用到问题员工身上的。它也是你作为管理者的"杀手锏"之一。

沟通引导的主要步骤

在沟通引导的过程中，你所扮演的角色并非治疗者或者领导者，而是通过启发性的提问帮助别人准确了解自身情况的人。作为管理者，同时也是引导者，你的提问不能漫无边际，而是要通过提问，帮助员工了解自身的情况，及时发现问题，并且获得解决问题的动力。

为什么要让员工自己发现问题呢？原因之一在于人们往往更乐于接受自己所发现的问题，并且及时进行改进；原因之二在于你作为管理者并非是全知全能的，让员工自己发现问题，往往更有利于问题的解决。比如下面这个案例所显示的那样：

莎拉和罗尔是你公司新开发软件的推广、设计人员。莎拉是你团队中的"顶级推销员"，罗尔则是软件工程师。虽然他们两人的合作有一个良好的开始，虽然罗尔工作也很努力，莎拉却总是认为罗尔并没有完全投入他们的工作。在莎拉看来，罗尔总是不能按时完成工作进度，每天迟到早退，而且还拒不接受她的督促。

事情为什么会变成这样能？恐怕只有一个人能回答这个问题，那就是罗尔。你作为管理者所要做的，就是通过自己的提问，辅导罗尔找到答案。

与问题员工进行沟通引导前的准备

在另外一本专著《经理人指南：简单便捷地领导你的团队》中，安妮和她的智囊爱默森提出了所谓的"成功方程"：

才能 + 态度 + 资源 = 成功。

"成功方程"的核心理念在于认为一切工作成功的最终取得是由多种因素的共同作用决定的。在莎拉和罗尔的案例中，这个方程可以进行如下的实际使用：

» 如果罗尔缺乏必要的才能，也就是完成软件设计、升级的能力，你作为管理者需要做的是为他提供相应的培训机会；

» 如果罗尔缺乏足够的电脑设备，你作为管理者需要做的是为他配备相应的设施；

» 如果以上两条原因均不成立，那么问题的关键就很可能在于罗尔缺乏必要的工作态度。明确了这点之后，你有两种选择：你可以采取比较直接的方式对罗尔说，"老兄，你必须加油工作，否则我就取消你的假期，要么干脆解雇你"；或者，你也可以采取循序渐诱的方式，通过一些策略的提问，引导罗尔发生自省，进而解决问题。

沟通引导的 5 分钟入门

当我们向委托人介绍沟通引导的具体方法的时候，他们常常会以"没有时间"为理由进行推托。这种逻辑存在着 3 大误区。首先，沟通引导实际上是以事半功倍的方式为你节省了时间的。其次，一次沟通引导的谈话本身也花费不了多少时间。最后，作为管理者，掌握这种技术也只需要很短的时间。

沟通引导的核心在于启发性的提问。在很多时候，员工本人对于自己存在的问题也并不能够了然于胸。你提问的目的则是以开放性的、启发性的方式帮助员工找到问题所在，并且调动员工产生解决问题的动力。提问的基本原则可以概括为如下 3 点：

1. 提问的开放性

封闭性的提问通常可以用寥寥数语简单回答，并且很容易把谈话引向死胡同，例如"你能这样做吗"、"你今天可以完成吗"。反之，开放性的提问能够为你与员工的交流提供更为广阔的空间，此类提问通常包含"什么""哪里""怎么"等等更具开放性的疑问词，例如"我们可以做些什么呢"、"你怎么会有这样的看法的"。

2. 避免过具命令性的提问

很多人会对诸如"你是这样认为的吧"、"你为什么不这样做"的提问方式产生抵触情绪，因为这样的"提问"根本就算不上提问。它们太具有指向性，实际是以提问的方式下命令。真正启发性的提问必须避免这种情况，它们应该让被提问对象觉得发问者是真心渴望获得自己的回答。

3. 提问的简练性

真正有效的启发性问题往往不会超过 8 个字。它们是开放的、具有启发性的，并且是直指问题关键所在的。

除此之外，循循善诱式的问题应该尽力避免各种形式的指责，因为这必然会引发提问对象的反感和抵触，使你无法达到预期的目的。无论你多么生气，你都不应该让自己的情绪在提问过程中表现出来。类似"你到底犯什么毛病了"、"你工作为什么这么差劲"之类的问题是绝对禁止的。

公私兼顾

启发性的提问方式不应该被局限在工作方面，还可以向私生活领域扩展。即便是在私人信件中，启发性的提问同样可以产生良好的效果。比较以下两个情节片段，你认为那种方式更有可能达到预期效果呢？

1. 你最好的朋友在信中告诉你，他已经辞职，并且至今没有找到新的合适工作。

A. 你对他说：你真是蠢到家了，用不了 6 周，你就得喝西北风。我真希望你明白自己在做什么！别指望到了山穷水尽的时候，我能拉你一把。

B. 你对他说：这很有意思。为什么要突然改变自己的生活呢？在接下来的 1 年里，你准备干点什么？

2. 你的另一半通知你，你的岳母大人准备过来住一段时间

A. 你告诉她：这太可笑了。你和你妈本来就水火不容。她会把咱们全家搅和得鸡飞狗跳，我真受不了……

B. 你告诉她：这听起来很具有挑战性。你和你妈多久没吵架了？如果她来这之后和你发生了矛盾，你打算怎么办？

作为管理者，启发性的提问是你的基本技能之一。借助它们，你和你的问题员工可以及时发现问题所在，并将解决问题的主动权留给员工自己。如果你的员工已经产生了解决问题得强烈愿望，你就可以进行"5C 方案"的第 5 步了。

第 5 步　建立责任监督机制（create accountability）

在"5C 方案"的第 1 步中，你确立了帮助员工解决问题的决心。在第 2 步中，你们通过坦诚交流发现了问题所在，并且找到了有效的解决方式。在第 3 步中，你明确了自己领导的整个团队和每个员工的目标和角色，帮助员工排除了工作过程中可能存在的各种干扰。在第 4 步中，你采取启发性提问的方式与员工达成了共识。如果你的所有工作都已经取得了预期的效果，最后的成功也就唾手可得了。然而不幸的是，挽救问题员工并非总是一帆风顺的。

惰性和惯性是多数人与生俱来的缺陷，但凡戒过烟的人恐怕都体会过习惯的巨大力量，对于自身态度的改变也使如此。稍一放松，老毛病就可能出现反弹。这就是你在完成以上 4 个步骤之后，还需要为员工设置一套责任监督机制的原因所在。这将有助于你的员工最终完成预先确定的目标，不会半途而废。记住，任何问题的解决都不会是一劳永逸的，保证问题不复发的关键在于将新生的苗头扼杀在萌芽状态。

监督机制是一条"双行线"

监督机制的确立不仅意味着你的员工要对你负责，同时也意味着你要对你的员工负责。在这个过程中，你要不断向你的员工提供必要的支持，帮助他取得最后的成功。除此之外，如果你的员工也能参与到监督机制的制定过程中来，那么问题的解决可能就会变得更加容易，

为了达到这样的目的，你可以向员工提出诸如此类的问题："我们怎

么能够确定你的问题已经得到解决了？""我们怎么知道你的工作进行到哪一步了？""当你需要帮助的时候，我怎样才能及时知道？"……一般来说，你的员工也会提出某些类似的问题，例如："怎样才能把我的意见尽快传递到你这里？""我如何能从其他人那里得到帮助？""你是否可以给我更多的时间帮助我取得成功"……

画饼充饥终非饼

当你开始着手挽救手下的某位问题员工的时候，你必须明白，任何计划，无论多么详细而且精确，都只是纸面上的计划，不可能替代真实的生活。"5C 方案"只是为你挽救问题员工提供了一些基本的原则和策略。在实际的过程中，你还可能遇到各种意想不到的困难，进而对自己行为的合理性产生怀疑。但只要坚持下去，你就一定能够取得最后的成功。

"5C 方案"的开始，是以一个最基本的问题为出发点的，即：这个人是否对我的团队存在价值，价值究竟有多大。接下来的一章，我们将集中讨论这个问题。

借口制造者

毋庸置疑，改造问题员工是一项非常具有挑战性而且复杂的工作。因此，在着手这项工作之前，你必须仔细权衡利弊得失，考虑自己的所作所为是否值得。毕竟你已经为某个问题员工耗费了那么多时间和精力，快到了忍无可忍的时候了。

"挽救还是放弃？"你将怎样做出这个艰难的决定呢？在本章中，我们将向你详细展示如何对这个问题进行得失权衡。这将帮助你从各种角度对自己手下的问题员工进行考量，使你在做出决定的时候更加目的明确而充满自信。

遭遇借口制造者

所有问题员工都是令人头痛的，借口制造者尤甚，因为他总有办法能推卸责任，让你们的交流困难重重，陷入无休无止的扯皮、拉锯之中。更糟糕的是，随着谈话的继续进行，为了推卸责任，借口制造者会把越来越多的人，甚至你本人拉扯进来，为自己的错误开脱，使得原本简单的问题复杂化。对付这样的问题员工，你有必要事先做好充分的准备。

案例分析：多佛伦·杰尼

马库斯是某家大公司的部门负责人。他和他团队的职责是为客户提供细致入微的高质量服务，他也总能出色地完成自己的工作。杰尼作为马库斯亲自挑选的左膀右臂，一直是团队中的得力干将。令人遗憾的是，最近一段时间，杰尼的工作状态却开始出现下滑。就在上个月，她在结账时少收了客户的费用，影响了客户的信誉，而她却很不负责任地将问题推给客户。后来，她又犯了相同的错误，另一位客户再次成为她推卸责任的借口。不久以前，她又因为自己的疏忽忘记给客户按时发送重要信息，"糟糕的电脑"成了她的替罪羊。为了挽救他们的合作关系，马库斯不得不对这位客户做出适当的经济补偿。这还不算完。杰尼最近又被公司安排在一次有重要客户参加的会议上作年度报告，可是她不但迟到了整整 1 个小时，还表现得好像什么都没发生一样。最可气的是，当马库斯为此责问她的时候，杰尼又振振有词地将责任归因于糟糕的交通。终于，马库斯彻底失去了耐心，他扔下杰尼，自己冲出了办公室。

你曾经遇到过这样的情况吗？

你是否也曾被手下的员工如此挑战过心理极限呢？在这个案例中，杰尼因为两点原因彻底惹恼了马库斯。第一个原因是她的错误本身，第二个原因则是她对待自己错误的态度。杰尼可能没有意识到，当马库斯冲出办公室的那刻，他仍在努力控制着自己不发火，希望能够继续维持他们的同事关系。

有话好好说

如果你手下的问题员工已经气得你发疯，并且将要做出某些不理智的行为，你最好的选择就是像马库斯一样，马上离开办公室。在离开之前，如果你能说上两句类似"我还有事，待会咱们再谈"之类的礼节性语言掩饰自己的情绪，那是再好不过的。如果做不到这样，你也要马上与员工脱离接触，避免发生直接的冲突。在分开的这段时间里，你可以平静自己的情绪，理清自己的思路，为接下来的继续过招积蓄能量。

及时控制自己的情绪，避免事态恶化，是每个人应该具备的自我掌控能力之一。所谓"自我掌控"，指的是能够时刻将自己的行为、情绪保持在可控的范围之内，提前避免不良后果的发生。缺乏自我掌控能力的管理者往往会因一时冲动，把事情搞得更糟。拥有自我掌控能力的管理者，在采取任何行动之前都会深思熟虑，始终把问题限定在可控的范围之内。你必须记住，无论你的员工犯了什么样的错误，作为他的直接领导，你都有责任和义务耐心帮助他，并且时刻控制自己的情绪。

当马库斯平静下来之后，他决定去找人力部门的主管谈谈。"我想我们不能指望杰尼主动改变自己"，听完马库斯的抱怨，人力主管平静地说道，"我知道你已经不想在杰尼身上浪费时间了，但是你最好还是配合我最后尝试一些办法。"说着，他递给马库斯一张名为"利害得失工具表"的表格，要求马库斯按照上面的条目认真填写。

作为管理者，当你针对某位问题员工进行继续挽救，还是干脆开除的权衡过程中，你可能常常凭一时冲动行事，或者被别人的意见干扰，不能准确做出判断。因为此时的你已经完全被自己的情绪左右，员工的缺点因此被无限放大，优点则可能被视而不见。

在这种情况下，如何才能保持清醒，做出准确的决断呢？我们建议你使用"利害得失工具表"（此表也被收入附录）。这份表格由 3 个相对独立部分构成，针对你可能遇到的情况，设计了一系列问题。作为一个整体，"利害得失工具表"将帮助你在继续挽救或者解雇问题员工之前，对各种利害得失进行准确的分析。

利害得失工具表

第 1 部分：问题员工造成的损失

管理者的时间损失	小时 / 每周	可能损失 (未来半年)
问题员工耗费的时间		
相关员工耗费的时间		
与人力部门、律师、其它主管部门接触耗费的时间		
为此在客户身上耗费的时间		
其它		
总时间消耗		

生产力损耗	百分比	可能损失 (未来半年)
问题员工直接造成的损耗		
相关员工造成的损耗		
其它		
总生产力损耗		

直接损耗	已发生	可能损失（未来半年）
生产或服务失误造成的损耗		
设备损耗		
其它		
总损耗		

潜在损耗	已发生	可能损失（未来半年）
期限延误		
目标未完成		
项目受干扰		
其它		
总潜在损耗		

正如你所看到的，表格的第 1 部分从各个角度为你开列了由于问题员工造成的各种已经发生或者将要发生的时间和费用损耗，使你能够准确掌握某位问题员工的存在对你领导的团队造成的损失。这项工作很复杂、很难，却又是必须完成的。通常情况下，问题员工的存在可能对你和你的团队造成 3 种类型的损失：

» 时间损失（你花费在问题员工身上的时间）
» 金钱损失（由问题员工所导致的经济损失）
» 潜在损失（由问题员工对你和你的团队造成的干扰）

这些还不能算完。如果你对手下的问题员工继续放任自流，他还可能造成更多、更严重的损失。这就是表格中专门开列"未来半年可能造成损失"项目的用意所在。之所以选择半年作为评估上限，是因为我们通过与众多委托人的接触发现，多数问题员工的反常行为往往会在出现后3个月左右被人注意，并在6个月左右达到最严重的程度。露出苗头后的3个月是对问题员工进行干预的黄金时段。如果超过这段时间还不能取得预期效果，也就没有了继续努力的必要，应该考虑放弃了。

"利害得失工具表"的实际使用

在认真研读"利害得失工具表"的过程中，马库斯终于平静下来，并且重新找到了自信，因为他终于可以对杰尼进行一番准确而不带杂念的评估了。马库斯是这样填写表格的各项内容的：

» 目前，马库斯用来和杰尼谈话，纠正她错误的时间已经增长到每周两小时。在未来的6个月内，与杰尼的谈话时间可能上涨到每周52小时，甚至挤占他全周的工作时间。（写到这里，马库斯感到异常震惊）

» 目前，马库斯每周需要拿出45分钟的时间在客户面前替杰尼的各种失误和借口"擦屁股"。他估计，在未来的6个月内，替杰尼"擦屁股"的时间将增长至每周20小时。

» 目前，因为杰尼的原因，马库斯已经在人力部门那里耗费了30分钟。因为同样的原因，他还需要继续与人力部门保持接触。这意味着未来可能每月1小时，甚至每周25小时的时间损耗。

» 目前，因为杰尼的失误，马库斯还需要每周拿出1小时时间安抚不同的客户。如果这种情况继续下去，马库斯的情况恐怕就不容乐观了。

管理者的时间损失	小时 / 每周	可能损失（未来半年）
问题员工耗费的时间	2	—
相关员工耗费的时间	0.75	—
与人力部门、律师、其它主管部门接触耗费的时间	0.25	—
为此在客户身上耗费的时间	1	—
其它	—	—
总时间消耗	4	$3000

接下来，马库斯将要完成表格的下一部分：生产力损耗表。由于马库斯无法准确掌握所有人的工作情况，在这部分表格中，他将主要填写由于杰尼的失误所造成的直接损失。

> » 目前，杰尼的生产力价值相当于她薪酬的90%。在未来的6个月中，她将逐渐丧失相当于薪酬5%的生产率，也就是大约3000美元。
> » 因为杰尼的干扰，目前她的客户也出现了5%的生产率损耗。在未来的6个月中，总损失将达到1250美元。

综上所述，在未来的6个月中，由于杰尼造成的损失总数将达到$4200。这还只是很保守的估计。

生产力损耗	百分比	可能损失（未来半年）
问题员工直接造成的损耗	10%	$3000
相关员工造成的损耗	5%	$1250
其它	–	–
总生产力损耗	–	$4200

　　表格的下一环节是"直接损耗表"。目前，由于杰尼造成的直接损失只有 $1000。那是马库斯作为经济补偿，支付给客户的费用。为了控制自己不断升高的血压，马库斯决定暂时先不估算杰尼未来 6 个月可能造成的直接损失了。

直接损耗	已发生	可能损失（未来半年）
生产或服务失误造成的损耗	$1000	–
设备损耗	–	–
其它	–	–
总损耗	$1000	–

　　表格的最后环节是估算可能出现的机会损失。这个环节同样很重要，作为管理者你必须要有战略意识，不能把目光紧紧局限在眼前一点鸡毛蒜皮的损失上。稳了稳心神之后，马库斯继续写道：

》作为经济补偿支付给客户的 $1000 实际上也属于期限延误造成

的机会损失，但是由于"直接损失"表格中已经统计过这笔费用，这里将不再重复计算。

» 杰尼的问题已经干扰了马库斯正在进行的一项可能为公司带来每年 $100000 收入的项目。如果问题继续维持 6 个月，对该项目的总损失将达到 $50000。

潜在损耗	已发生	可能损失（未来半年）
期限延误	–	–
目标未完成	–	–
项目受干扰	–	$50000
其它	–	–
总潜在损耗	–	$50000

综上所述，马库斯勾画了一幅令人咂舌的情景：在未来 6 个月中，杰尼作为雇员对公司造成的各种直接损失将超过 8200 美元，间接损失在 50000 美元左右。

想到这里，马库斯已经忍无可忍，决定解雇杰尼了。所幸的是，人力部门主管坚持要求马库斯少安毋躁，完成所有的表格之后再作决定。马库斯只好勉强压抑住解雇杰尼的强烈念头，继续填写"利害得失工具表"的第 2 部分。

第 2 部分：挽救问题员工可能发生的损耗

挽救问题员工可能发生的损耗	小时 / 每周	可能损失（未来半年）
跨部门咨询时间		
外部评估咨询时间		
外部辅导培训时间		
其它		
总耗费		
寻找接替者可能造成的损耗 （在职者薪酬的 2-2.5 倍）		

看到这张表格，马库斯的第一反应就是："什么！还要花钱？"虽然马库斯已经对杰尼失去了耐心，但他很快意识到，为了挽救杰尼，必要的资源损耗是无法避免的。于是他静下心来，开始填写表格的第 2 部分。

» 由于杰尼的问题已经占用了马库斯每周 4 小时的工作时间，为此再花上 1 小时，寻找可能的解决办法恐怕是合情合理的。

» 在马库斯工作的公司内部，跨部门咨询所造成的损耗是由对方支付的，所以他将此项省略不计。

» 马库斯一直在考虑他的团队在杰尼问题上是否也有一定的责任。为此，他还专门咨询了其它部门的一些资深经理，大家的结论却莫衷一是。马库斯认为，在问题还没有搞清的情况下就贸然动用资金聘请外部专家为自己的团队把脉是不明智的。所以，他将此项也省略不计。

» 此外，似乎很有必要从外面聘请一位专家针对杰尼进行培训辅导，因为马库斯也有自己的工作要做，不可能成天和她较劲。
外聘专家的收费标准是每小时 300 ~ 500 美元，一个辅导流程
大概需要 10 ~ 12 个小时。这样算下来，外聘专家的费用总计
应该在 5000 美元左右。

想到这里，马库斯吃惊地发现，在未来六个月对杰尼进行培训干预的费用要远远低于对她放任不管可能造成的各种损失。如此看来，挽救杰尼还是比较划算的。更令马库斯吃惊的是，解雇杰尼，重新招聘一位与她同样具有中等资历水平的雇员的费用也要远远高于挽救杰尼的费用。根据人力资源部门的统计，更换一位刚入门的浅资历全职员工的费用大约是 3500 美元；更换一位具备初级资历的全职员工的费用相当于他年薪的 30% ~ 50%；更换一位中等资历的全职员工的费用相当于他年薪的 150%；更换一位具有高级资历的专门人才的费用则相当于他预期年薪的 400%。

这些数字足以让某些管理者惊叹不已。因为在他们看来，把问题员工踢出大门，重新找人顶替似乎是件成本很低的事情。事实却并非如此。除了以上提到的这些费用，我们还没有计算员工被解雇前后可能带来的一系列损失，比如解聘补偿金、职位暂时空缺造成的虚耗、新员工培训费等等。这还只是对于普通员工来说。如果你的问题员工是位工作能力出众，具备高超专业技能的难得人才，解雇他所造成的各种损失将是一个天文数字。因此，当手下员工遇到各种问题的时候，明智的管理者总会竭尽所能地去帮助他们，而不是简单地解雇了事。

针对杰尼的情况，人力主管建议马库斯拿出相当于她年薪 200 ~ 250% 的费用对她进行挽救。因为杰尼目前的年薪水平只有 6 万美元，解雇她聘请新人的费用却高达 12 万 ~ 15 万美元，而且你还不能保证聘请的新人就一定强于杰尼。听完人力主管的建议，马库斯开始填写表格的下一部分。

挽救问题员工的预计成本	小时 / 每周	可能费用（未来半年）
管理者的工作时间	1	$700
内部专家咨询时间	–	–
外部专家咨询时间	–	$5000
其它	–	–
总计费用		$6700
招聘新人费用		$120000 ～ 150000

现在，马库斯真的感到无所适从了。表格里的数字说明留下杰尼可能更加符合团队利益，可他又实在无法对杰尼提起信心。于是，他开始填写整个表格的最后一个部分：挽救问题员工的好处

第 3 部分 挽救问题员工的好处

挽救问题员工的好处
你的问题员工曾经状态良好地工作过吗？如果是这样的，他做出过何种贡献？
如果他现在的状态依然良好，能够为你的团队做出何种贡献？
他继续留在团队还能带来何种潜在利益？

如果单单考虑问题员工可能造成的麻烦和损失，解雇他们或许是唯一合理的选择。但是与此同时，你还必须考虑到这些员工身上存在的潜在价值。花费一些时间填写上面的表格，将有助于你更加准确地做出决断。

正如你所看到的，表格的第 3 部分没有之前两部分包含的大量数据统计，所有的只是 3 个更具开放性和主观性的问题。这是因为对于员工潜在价值的判断更多需要管理者采用感性的认知，而非理性、机械的计算。你会如何对下列这些问题员工的潜在价值做出判断呢？

» 吉尔是麦克手下的推销员，也是少见的新手培训师，这对于他们的团队都是难能可贵的。最近，吉尔的工作状态出现了一些问题。可是麦克却清醒地意识到，他不能因为这些小问题就解雇吉尔。那样的话，他不仅会失去吉尔背后的大量客源，还将失去一位出色的新手培训人员。麦克究竟应该怎样决断呢？

» 简比团队中的其他人工作都要努力，却总是事与愿违，把工作搞得一团糟，而且这种状况也已经持续 4 个月了。简是否还有被挽救的价值呢？

» 南希花了整整 6 个月时间才把麦克挖到手。他是本地区最好的程序员，南希付给他的薪水是相当丰厚的。可是南希很快发现，麦克的个性使他很难与团队中的同人共事，大家总是有意识的躲着他。在麦克与整个团队之间，南希究竟应该如何决断呢？

» 艾瑞是巴特手下的一个部门经理。他深受下属的拥护爱戴，可是他领导的团队却总无法完成预定的工作计划。在艾瑞的个人领导魅力与整个团队的工作效率之间，巴特应该如何做出权衡呢？

潜在价值有时是很难判断的

　　假设你准备抚养一个孩子，你可以很容易地估算出在这个过程中将要发生的各种成本，比如食品、玩具、医疗、教育等等，但是你却无法准确预测这个孩子将来可能取得的成就。同样的道理，你也无法对一场正在进行的马拉松比赛的结果，一件正在开发的新产品的未来远景，乃至手下某位问题员工的潜在价值做出准确的判断。在这种情况下，如果你仅仅依据一些眼前利益得出结论，你就有可能失去未来的潜在价值。从另一方面来说，如果仅仅专注于眼前利益，你也将使自己陷入更加烦恼的境地。这也正是你作为管理者，在做出任何决定之前，必须对员工的各种潜在价值进行综合考量的原因所在。"他是否具有某种特殊的专门能力呢？""如果解雇了他，我是否还能找到具有相同能力的员工呢？"等等这些都是需要你认真考虑的问题。如果这位员工只是一位平庸之才，那问题还好办。如果他真的具有某些过人之处，解雇他的损失可就大了。因此，在做出最后决定之前，你很有必要对可能发生的利害得失进行全面而细致的考量。以下是麦克对于杰尼潜在价值的评价。

挽救问题员工的好处

你的问题员工曾经状态良好地工作过吗？如果是这样的，他做出过何种贡献？

杰尼曾经是我手下最出色的员工之一。出色的交际、平衡能力使她在新老客户之间周旋得游刃有余，为整个团队的工作带来了实际的帮助。

挽救问题员工的好处
如果他现在的状态依然良好，能够为你的团队做出何种贡献？ 拓展新的客户资源，与老客户维持关系。
他继续留在团队还能带来何种潜在利益？ 她能够帮助我们重新争取某些失去的老客户。她在其它公司还有很丰富的人脉资源，这对于我们的团队具有潜在的价值。

解决

完成表格的第 3 部分之后，马库斯的思路获得了前所未有的拓展。他吃惊地发现，解雇杰尼招聘新人的费用要远远高于继续挽救杰尼可能发生的费用，而且其中这还不包含杰尼身上具有的潜在价值。显然，继续给杰尼机会，帮助她、挽救她，更加符合团队的长远利益。

结果

"利害得失工具表"帮助马库斯理清了思路，他决定继续为挽救杰尼作出努力。在之后的几个月里，马库斯和杰尼一起依据"5C 方案"的思路沟通、调整。渐渐的，杰尼改掉了动辄指责他人的坏毛病。这帮助她重新取得了客户和同事的信任，使得整个团队的工作更加具有效率。马库斯也感觉省心多了。

第 3 章总结

....

» 应对问题员工的第一步是要在继续挽救还是干脆放弃的选择中进行认真权衡。

» 仔细填写"利害得失工具表"将有助于你对情况做出清晰而准确的判断。

» 问题员工的潜在价值是很难准确判定的。使用"利害得失工具表"的第 3 部分，你可以借助员工曾经的工作表现对他未来的发展情况进行相对精确的预测。

» 如果你拿定主意挽救手下的问题员工，那么接下来的一步就是和他展开耐心而细致的交流沟通。（本部分内容将在第 4 章、第 5 章进行详细讲解）

牢骚专家

在前面的章节，你已经学到了，作为管理者，在面对问题员工的时候，如何在挽救与放弃之间进行利害权衡。如果你拿定主意挽救手下的问题员工，那么接下来的一步就是和他展开耐心而细致的交流沟通。在这个过程中，你可以让员工了解自己的想法，与他取得共识。在你们取得共识，意识到应该共同采取行动改变现状之后，改造问题员工的漫漫征程也就真正开始了。

遭遇牢骚专家

牢骚专家的危害往往具有潜在性。他们最初的某些行为大多并不为人所注意，然而一旦成了气候，就会变得不可收拾，还会一传十、十传百，产生连锁反应，致使整个团队的氛围遭受影响。如果不能及时采取行动加以有效干预，造成的损失将是巨大的。

41

案例分析：永远的抱怨者——艾萨克

　　玛丽并不介意与那些和她父亲年龄相仿的人一起共事，事实上，她还为此自豪。可是最近，艾萨克喋喋不休的抱怨却一直困扰着她。虽然发牢骚、说怪话在他们这家正在遭受下滑危机的防务公司里并不是什么新鲜事，可是艾萨克的牢骚实在是太无休无止了，而且已经对整个团队的合作产生了相当严重的负面作用。弄到最后，琼斯已经不跟艾萨克搭话，麦柯里总是和艾萨克吵架，艾丽莎为了排解他们之间的矛盾则被弄得焦头烂额。对于这种情况，任何干预措施几乎都是毫无效力的，问题正在一天天恶化下去，大家的工作受到了严重的干扰。

问题

　　正如你已经学到的那样，在这种情况下，玛丽做的第一件事情就是和艾萨克耐心交流，试图发现问题的症结所在。这听起来似乎很简单，真正做起来却很不容易。因为交流必然是有来有往，双向进行的，也就意味着你和你的员工不可能永远达成共识。这是很多管理者无法接受的，因为他们无法忍受自己的权威受到挑战。所以他们往往会粗暴地打断对方，武断地得出某些结论之后结束谈话。如果真是这样的话，那就还不如直接给员工下命令来得干脆痛快。

　　交流的目的有两点。首先你可以及时、准确地发现问题所在，拿出相应的解决办法。其次，亲身参与能够让你的员工更加容易地与你达成共识，配合你的行动。

　　除非你是在一个等级森严的团体中工作，否则多数时候，等级并不一定是和权威化等号的。换句话说，员工不会因为你是"头儿"，就肯定买你的账。所以与其用地位压人，倒不如和自己的下属像朋友一样开诚布公地交流，齐心协力地解决问题。如此一来，往往可以起到事半功倍的效果。

我们都是小孩子

如果你能按照上面的思路考虑问题，你就会发现手下的员工有时候其实就像任性、顽皮的孩子一样。缺少了他们的主动配合，最简单的事情也可能变得复杂异常。说到这里，你可以回想一下曾经处于青春叛逆期的你。那时候，如果父母以命令的口气要求你做某件事情的时候，你会如何反应呢？

同样的道理，当你居高临下地以命令的口气要求手下某些员工的时候，他们也会产生类似的叛逆心理。你可能会扪心自问，作为领导的你应该如何面对这种孩子似的调皮捣蛋呢？令人遗憾的是，无数哲学家、心理学家已经为这个问题纠结了2000多年，至今却仍然没有找到理想的解决办法。龙生九子，各有不同。人的天性决定了有些人可能更加成熟，甚至少年老成，有些人却可能永远像个长不大的孩子。对于那些心智欠成熟的问题员工，任何家长式的说教、灌输都可能引发强烈的抵触情绪。作为管理者的你，就很有必要采取某些策略，避免这种情况的发生。

你究竟怎么了？

俗话说得好：当局者迷，旁观者清。有时候，问题员工对于自己的错误行为也是如此。在很多情况下，你清楚地知道问题的症结所在，你部门里的同事清楚地知道问题的症结所在，甚至整个公司的人都知道问题的症结所在，只有当事人自己蒙在鼓里。这也正是为什么需要通过交流，让当事的问题员工意识到存在问题的原因所在。这听起来似乎很容易，事实却并非如此。在很多时候，人总会有意无意地固执于自己的错误行为，因为那确实可以为他带来实实在在的利益。比如通过制造借口推卸责任，或者制造流言伤害别人，满足自己的阴暗心理等等。在本书中，这样的例子不胜枚举。除非你能找到切实可行的办法，让手下的问题员工清楚意识到违反游戏规则的成本要远远高于遵守规则的成本，否则他是不会轻易改变的。因此，当你对问题员工进行帮助的时候，遭到对方的抵制是再自然不过的事情，关键在于你能否坚持下去，不放弃。

当你和员工通过交流取得初步互信之后，你们就可以开始深入讨论问题的症结所在了。这个过程肯定不会是一帆风顺的，就像安妮的委托人玛丽遇到的那样。在整个交流过程中，艾萨克一如既往地对所有建议采取否定、轻蔑的态度，即便这些建议明显有利于他。刚开始的时候，玛丽对此还可以保持宽容的态度，然而随着他们的谈话越来越被引进死胡同，她真的有了忍无可忍的感觉。"我真想冲他大喊一声：'闭嘴！'"她是这样对安妮形容自己当时的感觉的。

所幸的是，在安妮的引导、启发下，玛丽逐渐发现她真正需要做的并非是对艾萨克的恶劣态度进行指责，而是要让艾萨克明确意识到他目前存在问题，而且因为他的问题，整个团队的士气正在遭受损失。只有这样，才能真正对艾萨克产生触动。以下是玛丽和艾萨克的第一次谈话。

玛丽：艾萨克，我希望能对你谈谈我对目前存在的一些问题的看法。

艾萨克：请吧！现在有什么问题吗？

玛丽：在今天 15 分钟的例会上，你接连五次发了牢骚。我觉得你最近的不满似乎越来越多啊？

艾萨克：什么！大姐，难道除了每天盯着我，你就找不到别的事情可干了吗？我有抱怨，那是自然的。如果公司的状况不那么糟糕，我也就不会有这么多抱怨了。

玛丽：别跑题！我现在就想和你谈谈今天会上的问题。

不管你相信与否，玛丽和艾萨克的开局其实还是挺顺利的，起码艾萨克表现得很坦诚，而且不胡搅蛮缠，这就比许多问题员工要强。作为管理者，耐心和细心是必要的，不可能指望一次谈话就可以解决全部问题。在转化问题员工的过程中，你会遇到层出不穷的复杂情况，本书包含的各种技巧和策略将为你提供切实而有效的帮助。

通过上面的谈话片断可以发现，玛丽和艾萨克的交流已经有陷入僵局的危险。艾萨克固执地认为自己的抱怨、牢骚天经地义，玛丽则坚定地相信正是艾萨克的蛮不讲理将事情搞得一团糟。尽管如此，他们的谈话还是在你来我往的旁敲侧击中基本达到了预期目的。虽然作为父辈人的艾萨克对于玛丽的态度就像一个十七八岁的小青年，叛逆得令人恼火，出众的涵养还是让玛丽对他保持了宽容的态度，使得谈话能够继续进行下去。

作为管理者，当面对来自员工的抵制、甚至挑衅的时候，一定不能与他针锋相对，而是要像玛丽那样克制、宽容，时刻将谈话掌握在可控的范围之内，就事论事。这是你应有的基本素质。不论对方态度如何，都要始终抓住问题的关键，不要被现场的情绪所左右。

种瓜得瓜，种豆得豆

当你在工作中被负面情绪所左右的时候，最好的办法就是自己给自己打气，始终保持乐观、积极的态度。这样做的目的并非是采取"鸵鸟策略"自欺欺人，而是要让你坚定一切困难都可以战胜的信心和决心，采取切实可行的方法去面对困难、解决困难。

通过自己的一言一行，你可以感染手下的员工，营造积极、向上的氛围，就像安妮的一位委托人所做的那样。"开放"是这位委托人所在公司的座右铭之一。他将这种管理理念切实融合进自己的日常工作之中，使每个人在遭遇问题的时候，都能够及时向他反馈。同时，他也可以借此听取别人的意见，集思广益，提升整个团队风雨同舟的责任意识和参与意识，增强整个团队的凝聚力和创造力。

工作守则与问题行为

多数企业都拥有自己的"工作守则"。它们通常被印刷成各种小册子下发到员工手里，体现了企业的某些基本理念，也是员工工作时依据的最起码标准。它们的存在，是企业实现生产、服务规范化的根本保证。

有的时候，"工作守则"也会涉及一些对于员工品行、操守方面的要求。如果你所在的企业已经为员工下发了类似员工手册之类涵盖"工作守则"内容的材料，你可以在与问题员工交流之前仔细阅读这些材料，查看其中是否包含了你所关注的问题。如果你所属的企业还没有建立"工作守则"，你也可以通过向同事、上级咨询的方式，集思广益，最终明确问题的关键。

多数"工作守则"往往包含有对于偷窃、渎职等"硬伤"的规定，却很少关注诸如举止粗野、传闲话等"灰色行为"。如果你足够幸运，"工作守则"中恰好涉及了关于这些"灰色行为"的规定，你就可以直接把它作为自己与员工谈话的依据。以下是安妮的一位委托人（他是一名电信销售部门的主管）提供的案例：

伯特（部门经理）：肯达，我刚刚看到你摔了一位顾客的电话，究竟是怎么回事？

肯达：那家伙是个白痴。他打电话想买一个7732号段的号码。我告诉他那个号段已经卖完了，可他死活不相信我。我气急了，然后就摔了电话。

伯特：我们的工作守则对于遇到顾客提出的要求无法解决的情况是怎么规定的？

肯达：按规定，如果我自己处理不了，可以把问题上交给部门经理。

伯特：你这样做了吗？

肯达：没有。

伯特：也就是说你违反了工作守则的规定？

肯达：是的，我想是的。

因为这家电信企业的"工作守则"恰好包含了相关行为的规定，白纸黑字，所以伯特与他的员工肯达很容易地就这个问题达成了共识。

反复尝试

在玛丽的案例中，她的第一次交流尝试遭到了来自艾萨克的强烈抵制。更糟糕的是，玛丽也无法在自己公司的"工作守则"中寻找到相关条款，支持自己的观点。但她绝不会轻易放弃艾萨克。在与安妮交换意见一周之后，玛丽决定再对艾萨克展开一次攻势。这次，她将从整个团队环境的角度，与艾萨克进行讨论。以下是他们的谈话：

玛丽：艾萨克，上周我已经和你谈过会上发牢骚的问题了。可是昨天的例会，你又犯了老毛病。

艾萨克：我跟你说过，我发牢骚，是因为我觉得不爽。

玛丽：我承认，你有发牢骚的权力。可你有没有想过，单位里的其他人会对你没完没了的牢骚作何感想？

艾萨克：我没考虑过这个问题。

玛丽：好的，让我换一种提问的方式。自从公司开始不景气之后，你觉得谁比以前工作更努力了？

艾萨克：大家的工作都比去年努力。

玛丽：那你听到他们有谁发牢骚了吗？

艾萨克：偶尔也发一点，不过……

玛丽：（稍作停顿）不过什么？

艾萨克：不像我这么没完没了。

小退让换来大进展

对于艾萨克，能够承认自己发牢骚、说怪话要远远多于其他同事，不能不说是一个不小的成绩。通过这次谈话，玛丽向着最后的成功迈出了具有关键性的一步。

现在玛丽准备趁热打铁，继续对艾萨克施加干预。这就涉及了"交流接触（communicate）"环节的第二个问题：如果问题员工不能意识到自己行为对于他人的消极影响，他也就无法产生改变自己的积极性，因此，问题的关键就是要让他认识到事情的严重性。为了达到这个目的，玛丽是这样与艾萨克的展开谈话的：

玛丽：就像你说的，你的牢骚抱怨远远多于其他人，你觉得其他人对此会怎么想？

艾萨克：我怎么知道别人怎么想？

玛丽：如果你处在他们的地位，你觉得自己会怎么想呢？

艾萨克：（认真想了一会）会让人觉得讨厌。

玛丽：还有呢？

艾萨克：也许他们会觉得这个人无法共事。

玛丽：你觉得这可能吗？

艾萨克：也许，如果他们真的对我的喋喋不休产生了反感的话……

玛丽：艾萨克，这样的情况是我不希望看到的。你是我们团队中的重要一员，我不想失去你。

艾萨克：（局促不安地说）我也不希望发生这种事情。说实在的，我对现在的工作很满意。

48

玛丽：很高兴你能这样说。我这里有一些办法可以帮助你改掉自己的坏毛病，让你重新赢得同事们的尊敬。我们一起来试试如何？

打开工具箱

看到这里，你可能已经发现，与问题员工达成共识往往是一个逐步的渐变过程。首先你必须让员工意识到目前正有问题存在，其次你还要让员工意识到存在的问题正在对他、对整个团队产生不良的影响。你必须像玛丽那样，学会耐心地、一步一步地与员工取得默契。

当上述目标彻底实现之后，你就可以"打开工具箱"，采取一些有针对性的具体措施，解决问题了。需要强调的是，这个过程仍然是你与员工齐心协力、实现双赢的过程，而不是你下命令，员工简单执行的过程。你可以向玛丽这样，通过建议、启发的方式对员工进行干预：

玛丽：艾萨克，我很乐意帮助你重建工作中的人际关系。我们可以先搞清楚各自的利益关系，然后再进行沟通。

求同存异工具表

在本书的第 3 章，你曾经接触过"利害得失工具表"。这张表格的目的是从你个人的角度，"单边"地对员工的价值进行评定。当你下定决心，采取行动之后，本书为你提供的各种辅助工具就都将由"单边"升级为"双边"。你和你的员工将共同使用它们，共同寻求问题的解决方法，实现最终的双赢。

正如你所看到的那样，"求同存异工具表"包括许多独立的分项（这张表格同时也被收入附录 B)。首先你们需要在表格中开列一些目前亟待解决的问题，然后各自填写自己对于这些问题的看法，求同存异之后，共同制定问题的解决办法。以下是我们为你提供的一张样表。表中开列的问题都是一些比较常见的问题。实际使用本表的时候，你可以按照自己的实际情况进行填写。

求同存异工具表	
问题行为	你们对于这些问题的看法
人际交流 工作态度	我的观点
言谈举止	你的观点
职责操守 准确度	我们的分歧
成功率	解决办法

通常情况下，人总是情绪化地认为自己的观点是准确无误的，别人的看法则一钱不值。这张表格提供了一个平台，使你和你的员工能够在一种开放性的氛围里求同存异，共同寻找问题的解决之道。以下是玛丽和艾萨克使用这张表格进行交流的具体情况：

玛丽：艾萨克，我们已经认识的你的牢骚、抱怨为我、为你自己，也为整个团队带来了困扰。接下来，就让咱们一起填写"求同存异工具表"吧。它可以帮助咱们弥合分歧，共同寻找问题的解决办法。

（玛丽拿出一张表格，并在其中开列了她希望与艾萨克一起解决的问题）

玛丽：首先，我来告诉你我的观点，我不希望我领导的团队里存在任何牢骚、抱怨的情况。

艾萨克：这根本就是不现实的。我的观点是想说就说，尽可能地让别人知道自己的态度。

玛丽在表格中分别填写下两人的观点，并且意识到它他们之间的分歧是巨大的。她继续说：

玛丽：我们的分歧确实很大，但是我相信，还是存在折中调和的可能性的。

求同存异工具表	
问题行为	你们对于这些问题的看法
说怪话 发牢骚 负面影响	玛丽的观点：根本就不应该有牢骚抱怨
	艾萨克的观点：该抱怨就得抱怨
	分歧：两个极端
	解决办法：

所有的鸿沟都是可以跨越的

不要武断地认为极端的分歧就一定是无法弥合的。我们都可能遭遇过这种情况，有些时候，你与对方的分歧看似很小，却总是无法达成共识；有些时候，你与对方的分歧仿佛天渊之别，达成谅解却很容易。巨大的分歧存在的同时，也为你们提供充足的回旋余地。面对这种情况，你不要被表象所蒙蔽，更不要灰心丧气，所有鸿沟都是可以跨越的，巨大的成功可能就在眼前。

可能是被玛丽的开诚布公打动了，艾萨克决定首先做出一些让步。

　　艾萨克：你知道，其实我发牢骚的本意是想提供一些有益的反馈和建议。大家对此却总是不理解，这搞得我很恼火。

　　玛丽：我想听听你的真实想法。

　　艾萨克：真的？不管我说的顺耳还是逆耳，你都愿意听吗？

　　玛丽：是的，我愿意。但我对你过去那种说话方式确实难以接受，希望你能注意措辞，采取一些更恰当的方式。

　　（说到这里，玛丽突然意识到她已经抓住了问题的关键所在）

　　玛丽：艾萨克，牢骚抱怨对你我都没有什么好处。我乐意倾听你的任何想法，但是你也应该注意自己的说话方式，不要让它们听起来像是牢骚抱怨。

　　艾萨克：好的，我想我可以做到。

　　玛丽：我将信守自己的承诺，如果你也可以始终注意自己的说话方式的话。

　　艾萨克：我会尽力而为。如果你觉得我的哪句话有问题，请尽管指出来。我要完全适应这种改变，还需要一定的时间。

　　玛丽：没问题！

玛丽将他们达成的共识填写在表格的最后空白位置。

求同存异工具表	
问题行为	你们对于这些问题的看法
说怪话 发牢骚 负面影响	玛丽的观点：根本就不应该有牢骚抱怨
	艾萨克的观点：该抱怨就得抱怨
	分歧：两个极端
	解决办法：艾萨克将向玛丽直言不讳，同时注意自己的说话方式。玛丽将认真对待艾萨克的每条建议，并给予及时反馈，不会把他们当作牢骚抱怨，置之不理。

玛丽在这个案例中所表现出的创造力是值得我们认真对待的。有句俗话说得好：林子大了什么鸟都有。企业大了，员工的脾气秉性自然也就会千差万别。如何引导他们求同存异，拧成一股绳，提高整个团队的凝聚力、生产力，是当今全球化背景下，每个管理者的必备能力之一。作为管理者，当你独立领导一支团队的时候，如果能够按照玛丽的方式和理念去引导、帮助手下的每个员工，最终是必然会取得成功，打造一支出色的团队的。

当你和你的问题员工初步达成一致之后，无论成果多么有限，你们都很有必要尽快把它落实到纸面上，变成文字。白纸黑字的协议将成为你们日后合作的最好指引和监督机制。一旦你们的努力方向发生偏移，可以很容易地通过它获得修正。除此之外，还有一点很重要，那就是适当地学会"遗忘"。只要手下的问题员工已经下定决心改正自己，并且向着这个目标不断努力，你就没有必要旧事重提他曾经的"斑斑劣迹"，打击他的热情。过去的一切已经无法改变，崭新的明天却还等着你们共同创造。

"求同存异工具表"的其他用途

除了与问题员工沟通、协商，"求同存异工具表"还可以被用作其它用途。有些时候，"求同存异工具表"经过适当的用语调整，可以被作为与所有员工保持沟通的经常性手段。当你手下的某位员工出现问题苗头的时候，"求同存异工具表"也可以帮助你通过及时沟通将危机化解在萌芽状态。这将大大提高你和你团队的工作效率，节约时间、资源。当危机已经恶化、加剧的时候，"求同存异工具表"则是你最后的救命稻草。它将帮助你和员工理顺关系，重新使工作步入正轨。为了有效使用"求同存异工具表"，我们建议你：

1. 事先对需要改进的问题行为进行明确，做到心中有数。

2. 通过查阅员工手册、咨询人力部门等方式提前对公司的规章制度进行了解。

3.与有关部门及时沟通，倾听各方面意见。

4.当你完成以上要求之后，就可以亮出"求同存异工具表"的法宝，真正开始工作了。

补充说明：

正如本书已经和将要涉及的许多工具、策略一样，"求同存异工具表"将使你在应对问题员工的过程中获得极大帮助。但是人不能打无准备之仗。在使用本表之前，你必须做足功课，对自己最终的需要和目的进行明确。只有这样，"求同存异工具表"才能够真正发挥它应有的作用，你也才能够取得最后的成功。

解决

之后的几个月时间里，玛丽和艾萨克一直齐心协力落实既定的路线，尽管其间也曾经遭遇过不同程度的困难，艾萨克最终还是重新回归团队，全身心投入工作，成为一名出色的员工，虽然偶尔还会发发牢骚。这个事例说明，不管你面对的问题员工多么让人头疼，"求同存异工具表"都可以帮助你与他达成共识，重新回到正确的轨道之上。

第 4 章总结

» 当你决定着手挽救某位问题员工的时候，你首先需要做的就是与他耐心交流，共同明确问题的关键所在。

» 许多问题员工都可能对自己行为的消极作用一无所知。作为管理者，帮助他们及时意识到问题的存在，将有助于为问题的最终解决提供动力。

» 如果你所在企业的"工作守则"已经对相关问题有所涉及，你可以以此为依据，与员工进行沟通。

» "求同存异工具表"将为你与员工达成共识提供基本的框架。除此之外，它也可以被用作工作中一种经常性的沟通和预防手段。

» 共识达成之后，要经常以此为依据对员工的表现进行考量，确保工作能够按照既定的方向进行。

自我感觉良好

5

上一章，你学习了使用"求同存异工具表"处理工作中遇到的各种问题和矛盾。然而很多时候，人往往会习惯性地认为自己一贯正确，对自己存在的问题视而不见，更不要说着手解决问题了，问题员工也是如此。有些问题员工甚至对自己存在的问题及其相关后果持坚决否认的态度，对于来自上级、同事的告诫和提醒，他们总是个固执地声明："你可以有你的看法，我也可以有我的看法，我的看法就是你在无事生非！"

类似上面的话语清晰地显示了某些员工心中对于自己的形象认知与别人眼中对于他的形象认知差距究竟可以有多么大。在本章中，你将学习通过使用"形象差异工具表"，帮助员工对自己的形象进行准确定位，认清自身存在的问题，最终改善自己的工作状态。

遭遇自我感觉良好者

在当今全球快节奏、高竞争压力的环境中，高度的自信与高度的成功几乎是一对形影不离的孪生兄弟。然而有些时候，自信对于某些人却并非意味着最终的成功，相反还会为他们和他们同事的工作带来困扰。如果他们的领导者恰好也是这样一位极度自信、自我感觉良好的家伙，情况就会变得尤其糟糕。自我的过度膨胀会令嫉妒、仇恨等负面情绪充斥整个团队，最终将团队变成一摊散沙。

适当的自信甚至自负是有益无害的，它使人在顺境和逆境中都能始终保持前进的动力，然而自信一旦走向极端，就会导致整个团队秩序的紊乱。作为管理者，对于适当的自信，我们可以顺其自然；对于自我感觉特别良好的员工，则需要保持一定的警惕，避免物极必反。请看下面的案例：

案例研究：鲁比的"两百万自负"

扎达是一家州立大学的学科带头人，也是少见的社交高手。一直以来，扎达都令她所率领的科研团队，以及这支团队的另一位核心人物——鲁比刮目相看。作为名副其实的社交高手，虽然扎达率领的整个团队都对鲁比女王式的自负做派（特别是她最近又为团队争取到了200万美元投资之后）不以为然，扎达却总能用灵巧的手腕使鲁比和自己的团队间保持着微妙的平衡。可是最近，扎达和鲁比闹了点别扭。事情的起因是扎达要求鲁比提供资金为团队继续招聘一些工作人员，鲁比却认为这根本就没有必要，她搞来的钱应该被用在刀刃上。如此粗暴地拒绝别人的意见，不给别人面子，使连一贯充当"和事佬"的扎达都已经快对鲁比失去耐心了。明眼人都看得出来，鲁比和自己团队间的隔阂已经越来越大，是到了扎达必须采取果断行动的时候了。

问题

类似鲁比这样的极度自负者通常都是具有挽救价值的，因为他们的自负使他们具有了常人无法企及的行动魄力。因此，扎达决定跳过"5C方案"的第一步，直接进入第2步，与鲁比展开交流接触（communicate）。然而，到目前为止，扎达还没能就具体与鲁比交流什么问题形成明确的认识。她是否应该告诉鲁比，团队中的其他成员根本就不喜欢跟她合作呢？恐怕鲁比压根就不会在意这个问题。她是否应该告诉鲁比，她的所作所为已经对整个团队的情感造成了伤害呢？恐怕鲁比也不会对这个消息感兴趣。究竟什么办法才能真正深入鲁比的内心，对她产生触动呢？

经过深思熟虑之后，扎达最终发现她眼下的当务之急并非马上确定就什么问题与鲁比展开交流，而是要首先摸清鲁比的思想情感状态，做到有的放矢。鲁比是否能够意识到别人对她的态度呢？这是否已经对她产生了触动呢？在鲁比的自我形象认知与别人对她的形象认知之间是否存在差异呢？扎达真的希望能摸清这些情况，因为这将能够为她与鲁比的交流提供最初的基础。

形象认同差异

多数人都会对自己的言行在别人那里产生的与预期相反的效果感到震惊，比如下面这个例子：

> 一天晚上，会议结束之后，天已经很晚了，杰西顺路带她的朋友劳伦斯回家。在深夜行车的过程中，劳伦斯发现杰西汽车仪表板上的照明灯的亮度有点偏暗。于是，在下一个路口等红灯的时候，劳伦斯就自作主张地帮杰西调高了亮度，就像他通常对妻子做的那样。
>
> 尽管知道劳伦斯是好心，杰西还是很生气，她觉得这是对她车技的侮辱。杰西与劳伦斯之间发生的误会就叫做"形象认同差异"。

过于亲近的关系或者持续压力的存在都可能造成"形象认同差异"。这可以解释为什么有的人在极力想给陌生人留下好印象的时候，往往会适得其反。"形象认同差异"问题在家庭中的存在也很常见。因为很多人都会觉得在家庭成员中间，往往更不容易控制自己的情绪。相反，却很容易对关系不那么亲近的人的冒犯表现出极大的宽容和友善。同样的道理，当你的团队成员彼此变得更加熟悉和亲近的时候，矛盾冲突反而更容易发生，尤其是在面临很大压力的情况下。

如果你能够确定手下员工的问题是因为"形象认同差异"导致的，那么这里展示的"形象差异工具表"将为你与员工交流接触、进而解决问题提供必要的帮助。在前面杰西和劳伦斯的案例中，劳伦斯认为自己的行为是善意的帮助，杰西则将其视作对自己的侮辱。他们之间的形象认同差异值在"形象差异工具表"被设定为 100，也就是最高级。

形象差异工具表 （这张表格主要用来记录施动、受动双方对于施动者形象（行为）的理解，以及其中差异）		
劳伦斯的目的：提高仪表板光照亮度，使杰西开车更安全		
100		100
90		90
80		80
70		70
60		60
50		50
40		40
30		30

20		20
10		10
杰西对于劳伦斯行为意图的理解：对她车技的侮辱，而且干扰她开车		

　　无论在朋友之间，还是工作同事之间，如此大的形象认同差异如果不能得到及时、有效的弥合，很可能会引发更严重的矛盾。在这个案例中，如果劳伦斯能够及时向杰西说明自己的意图，那么他们之间的"形象认同差异"就可以被控制在 20% 以内。就像下表显示的那样：

形象差异工具表		
（这张表格主要用来记录施动、受动双方对于施动者形象（行为）的理解，以及其中差异）		
劳伦斯的目的：提高仪表板光照亮度，使杰西开车更安全		
20		20
10		10
杰西对于劳伦斯行为意图的理解：善意的，虽然是没有必要的		

为了最后的成功

　　"形象差异工具表"不仅可以作为测量人与人之间认同差异的工具，还可以被管理者用作掌握整个团队思想、心理状况的日常手段，以及帮助陷入过度自负状态的问题员工摆脱困境的有效方法。在与员工进行交流，使用"形象差异工具表"之前，你同样有必要进行适当的准备。你可以参照商务会谈的形式事先准备谈话提纲，开列谈话要点。这将使你在与员工交流的过程中，无论情况如何变化，都能始终把握谈话的主动权。在编写提纲、理清思路的同时，你可以尝试着向自己提出如下几个问题：

» 我所说的每句话是否能够准确表达我要表达的意思？

» 我是否能够客观准确地描述我所掌握的一切？

» 如果别人以这样的方式和我交流，我是否能够接受？

提纲写好之后，有必要通过"实战预演"的方式对它进行检验。因为直到正式与员工展开交流之前，你都无法确定自己是否真的已经准备好了。事实证明，头脑中或者纸面上的计划无论设计得多么无懈可击，往往还是和实战有区别的。"实战预演"的谈话对象可以是你的朋友或者同事。通过观察对方的反应，你就能够对方案的实际效果获得比较准确的判断，并及时弥补其中的缺陷和不足。

除此之外，你还有必要对自己的身体语言给予适当关注。在很多时候，细微的肢体动作或者声调变化都可能关乎整个谈话的最终成败。在编写提纲、理清思路的同时，你还可以尝试着向自己提出如下几个问题：

» 我说话的口气是否显得沉着而有条理？

» 我说话的语速和清晰度是否合适，能够让对方准确地明白我的
  意思？

» 我是否为对方预留了足够的反馈时间？

以上这些听起来似乎很麻烦，但是如果你真的能够通过这些努力挽救自己的问题员工，让他在团队中发挥应有的作用，那么你所做的一切就是值得的。

解决

在认真考虑之后，扎达决定使用"形象差异工具表"，围绕整个团队对鲁比的看法问题，与她进行交流。在此之前，扎达按照上面介绍的方法

制定了详细的计划，并在一位朋友的配合下，进行了"实战预演"。当鲁比敲开自己办公室大门的时候，扎达自信已经做好了一切准备。

在谈话的最开始，扎达首先对鲁比长期以来的贡献表示了感谢，赢得了鲁比的好感。紧接着，扎达话锋一转："那么你觉得其他同事对你的看法究竟怎样呢？"鲁比考虑了片刻："我想他们很嫉妒我。因为他们总是需要我的帮助，而我却不需要他们为我做什么。"这个回答正是扎达希望得到的，她继续追问："你真就那么肯定自己不需要他们的帮助吗？他们不是也帮你做了很多书面工作吗？"以下是他们谈话的实况记录：

> 鲁比：是的，他们做了，但是仅此而已。他们干的那些工作谁都可以做，我的位置却是无可替代的。总之，我不欠这些人的，他们跟我毫无关系。
>
> 扎达：我不这么认为。在我看来，是整个团队在背后支持了你。如果没有这些人，你是不可能如此出色地完成自己的工作的。
>
> 鲁比：你这么认为简直就是疯了！
>
> 扎达：也许吧。但是在我看来，就是整个团队的努力帮助你取得了最后的成功。
>
> 鲁比：你可以这么认为。但还是我的工作最重要，是我养活了大家。

说到这里，扎达递给鲁比一张空白的"形象差异工具表"："我们可以借助这张表来测定一下彼此之间的认同差异。你觉得是自己挑起了整个团队的重担，就像一个独行侠。我觉得没有团队的帮助，你就无法取得今天的成绩，而你却没有意识到这一点。"假装没有看到鲁比眼神中流露出的不快，扎达继续说道："如果我的理解没有偏差的话，就请你开始填表吧。"

下面就是鲁比填好的表格：

形象差异工具表		
（这张表格主要用来记录施动、受动双方对于施动者形象（行为）的理解，以及其中差异）		

鲁比的观点：我是团队的顶梁柱，我工作出色又努力，却被大家恩将仇报，只因为我不喜欢做书面工作。

100		100
90		90
80		80
70		70
60		60
50		50
40		40
30		30
20		20
10		10

鲁比对于扎达态度的理解：扎达认为我对自己的位置和成绩没有自知之明，我不是一个好的工作搭档，因为我对其他人的劳动不知感激。

扎达看了看鲁比写下的内容："根据你所写的这些，你觉得咱们之间的差距应该有多大？"鲁比回答："你觉得有多大，就有多大，但是你用不着为此感到紧张。"扎达觉得鲁比的回答释放出一个积极的信号：起码她还能意识到别人对她的言行感到紧张。以下是他们谈话的实况记录：

扎达：你说得对，我是有点紧张。接下来说说你对咱们团队还有整个学校工作的期望吧，似乎应该很高？

鲁比：我很感激这所学校。30年前，还是妇女在科技领域受到歧视的时候，学校给了我母亲一笔奖学金，帮助她完成学业。这之后，她在一家生物科技公司找到了工作，使我们能够享受良好的生活条件和教育资源。如果没有这所学校，我无法想象今天的我会是个什么样。

扎达：这是个很感人的故事！我打赌你绝没向你的同事们说过这件事。那么你对你的同事们有什么期望呢？

鲁比：我对他们是充满善意的，我希望他们能够成功。

扎达：恐怕你的同事们并不知道你的善意。很多人对我说过，他们不想和你一起工作，因为他们觉得你根本不想和他们一起工作。你觉得这对整个团队的发展有利吗？

（鲁比仔细想了一会）

鲁比：也许不好吧？可是我根本就不在乎他们是不是愿意和我一起工作。我做的贡献已经够多的了，我是这里的顶梁柱。如果我离开这里，整个团队就得散架。

在听鲁比说这些的过程中，扎达始终努力控制自己，保持微笑。鲁比的态度实在是太自负了，不过她总算承认了自己与团队之间存在着紧密的联系，尽管她不在乎这种联系。这正是扎达希望鲁比能够意识到的。

种下一颗种子

正如你所看到的，与问题员工交流的困难之一在于，虽然你已经为谈话做足了功课，但是员工那方面却往往是毫无准备的。于是，误解甚至抵触等交流障碍就会经常发生。在这种情况下，你的责任就是耐心引导自己的员工绕过这些障碍，帮助他认清事情的真相。当你觉得情况已经失去控制，并为此感到恼火的时候，不妨暂时停下来，给对方一点消化吸收的时间。当你的员工初步意识到问题的存在之后，你可以再通过一些启发性的问题（在本书第10章中，你将对这些问题进行具体了解），巩固已经取得的成果。

经过一段时间的冷静沉淀之后，扎达向鲁比提出了如下几个问题：

扎达：你的同事们似乎对你存在误解。如何才能让他们更加
准确地了解你的态度？

鲁比：也许，我可以对他们讲讲我妈妈的故事。

扎达：太好了！如果你愿意这样做，我可以安排。

正如你在本书第10章中将要学到的那样，扎达在这里提出了一个很好的启发性问题。此类问题简洁而具有开放性，可以引导员工对当前的情况进行准确的判断，并且做出正确的选择。

为什么"形象差异工具表"能发挥效力

"形象差异工具表"可以帮助你对自己希望从外部获得的认同进行准确把握。作为社会中的一员，你渴望通过自己的言行得到其他人正确而良好的评价。这种渴望如此强烈，以致能够影响我们生活的方方面面。这其中当然也包括我们的日常工作。

因此，不管你手下的问题员工对同事的态度表现得多么无所谓，他在内心深处或多或少其实还是非常在意周围人的评价的。"形象差异工具表"之所以能够对鲁比发生作用，也正是基于这个原因。除此之外，扎达取得成功的另一个原因在于她对待鲁比的真诚态度。在这个案例中，扎达并没有将自己定位在局外人的位置，而是与鲁比进行合作，共同面对和解决问题。这两点是扎达的努力能够最终奏效的真正原因。

解决

虽然扎达明白，鲁比的个性不是一时半刻就可以轻易改变的，但她还是极其欣慰地看到，通过自己的帮助，鲁比已经调整了自己对待同事的态度，能够真正像对待同事那样的对待他们了。逐渐的，弥漫在团队中的紧张气氛得到了缓解。与此同时，扎达又非常及时地举行了一系列的"交心"活动，为鲁比与同事们融洽关系制造机会。最终，整个团队的士气和工作效率得到了有效的提升。

过分自我感觉良好的人确实令人讨厌，不过，作为具有工作能力的员工，他们还是值得挽救的。通过相应的解决措施，你可以及时缓解因为员工的过度自负在团队中制造的紧张空气。"形象差异工具表"则能够帮助你有效地突破那些自我感觉良好者的心理防线。

第 5 章总结

多数人都会在意别人对自己的评价，问题员工也是如此。

"形象差异工具表"能够帮助你的员工准确掌握自己的形象定位与别人眼中他的实际形象间的差异。

通过对于这一差异的把握，问题员工可以获得调整自己行为的动力。

当问题的关键得到明确之后，你就可以参照"5C 方案"逐步解决问题。

迷失方向

企业中的每个员工都有必要对企业的整体经营目标，以及自己在其中需要扮演的角色进行明确。缺少了这个先决条件，再优秀的员工也可能会变成问题员工。同样的道理，在挽救问题员工的过程中，目标和角色明确也是一个非常有效的突破口。

遭遇迷失方向者

通常情况下，迷失方向者指的是那些工作状态低迷，成天迷迷糊糊的员工。但是有些时候，处于巅峰状态的优秀员工也可能迷失方向，虽然这种情况并不经常发生。这些优秀员工在出现问题之前大多自信阳光、认真负责，充满才智和创造力。他们身上的问题因此往往更具有隐蔽性，一旦东窗事发，经常造成更加巨大的损失。

案例研究：从超级明星员工到超级问题员工

安德鲁曾经是一家投资公司出色的投资经理人，现在却因为迷失方向，成了全公司最让人头痛的问题之一。失去"方向感"的安德鲁总是不能按要求完成工作，也无法真正领会公司的意图。现在，所有人都尽量避免跟他合作，他自己也觉得没意思，干脆请了病假。作为他的部门经理，谢里尔已经彻底失去了耐心，她正在征求自己主管领导山姆的意见：或许是到了该让安德鲁收拾东西走人的时候了。

问题

　　安德鲁是前不久才被现在这家公司从别的公司挖过来的，他得到的回报是可以在现在的公司专门分管针对非洲地区的金融业务。作为一名"绿色增长模式"的倡导者，安德鲁有信心通过自己的经营帮助他的投资代理人获得丰厚的利润。

　　在过去的一年里，安德鲁都在为他的基金项目辛苦奔走。他已经针对该项目进行了可行性调研，向公司董事会提交了调研报告，确定了可能的投资人，甚至初步确定了未来的投资渠道和目标，所有一切似乎都已走上正轨。可就在项目正式开始3个月之前，谢里尔把安德鲁叫到办公室，告诉他项目必须终止，因为顶头上司山姆认为他们的投资项目应该在政治、经济环境最为适宜的地区展开，选择非洲显然是不符合公司利益的。

　　听到这个消息，安德鲁真的感觉要彻底崩溃了。在过去一年时间里，他为这个项目耗尽了心血，却从来没有想过最后会以这样的结局收场。为了挽救这个项目，他对谢里尔进行了多次游说。在得到谢里尔"这个问题已经超出她权限"的最终答复之后，安德鲁干脆直接越过了她，转而去游说公司的执行经理、董事会主席、法律顾问，总之一切可能对公司决策发生影响的人。

　　眼前的情况使谢里尔觉得是到了进行干预的时候了。这不仅可以挽救一位出色的员工，还能够重建和加强她与安德鲁的工作关系，以及她个人的管理权威。想到这里，她决定和安德鲁约个时间，坐下来，面对面地谈一谈，而不是采用现在很流行的发 E-mail 的方式。

为什么一定要"面对面"

在因特网和手机普及之前，面对面的谈话是商业领域最常采用的一种沟通方式。那时的人们，无论是公司同事，还是合作伙伴，都乐于选择一个恰当的时间和地点，面对面地坐下来，像朋友一样推心置腹，有时候还会共同享用一顿工作午餐或者晚餐。可是在现在人们的眼中，这种面对面地交流方式已经成了过时的"老古董"。不仅浪费时间，有时候还需要长途跋涉，而且往往效率低下。相比之下，打个电话，或者发个 E-mail 就要简单、方便得多了。然而在有些情况下，面对面的交流又是必须的。这些情况包括：关乎成败的时候；误会很深的时候；关系紧张的时候；有坏消息要告诉对方的时候。

谢里尔需要应付的状况起码符合其中的 3 个条件：她跟安德鲁德误会很深，导致他们的关系非常紧张，已经到了需要最后摊牌的时候了。虽然通过电话、传真、E-mail 也可以和安德鲁取得联系，但是在目前的情况下，那样的方式是很难取得对方的信任的。鉴于以上这些原因，谢里尔决定与安德鲁举行一次传统的面对面谈话。

在与安德鲁约定见面之前，谢里尔很担心对方会对自己的邀请采取抵制态度。因为通常来说，像安德鲁这样的年轻人，相比年长一代，总是不太乐意选择"面对面"这种传统的交流方式的（在附录 A 中，我们为你详细开列了不同年龄段的人最青睐的交流方式）。出乎意料的是，安德鲁异常痛快地接受了谢里尔的邀请。这恐怕说明他也已经意识到目前的问题到了相当严重的地步了。取得初步胜利之后，谢里尔接下来的任务就是为即将举行的谈话进行充分的准备。

使用 "5C 方案"

一般来说，帮助曾经的优秀员工从问题员工的边缘悬崖勒马是一件极其困难的任务。很多时候，你简直无计可施。

例如在类似安德鲁的案例中。作为优秀员工，通常也是在企业决策过程中能够发挥作用的一员，他们理所当然地认为自己有权力和必要及时掌握企业的各种决策调整，即便这些决策调整可能是不利于他们的。当这种要求无法得到满足的时候，他们的工作就会受到影响。谢里尔的失误恰恰在于忽视了这一点，并且因此错过了对安德鲁进行干预的最佳时机。

经过深思熟虑之后，谢里尔决定给乔伊斯打电话，请他帮忙针对安德鲁的情况制定一个相应的解决方案。乔伊斯是人际关系问题方面的专家，曾经为谢里尔的工作提供过很多帮助。在那天的晚餐时间，他们参照 "5C方案"，制定了如下步骤：

1 决定挽救还是放弃（commit or quit）

谢里尔认为安德鲁的存在价值是显而易见的，因为发生一个小问题就解雇他，当然是不明智的行为。

2 交流接触（communicate）

实话说，谢里尔对这个环节很头疼，甚至有点害怕面对安德鲁。乔伊斯及时提醒她，这种畏惧心理只会把情况搞得更糟。排除心理障碍的谢里尔和乔伊斯一起，按照本书第 2 章曾经提到的方法，专门针对安德鲁为谢里尔设计了 10 个交流前需要回答问题：

与问题员工沟通前你需要认真考虑的 10 个问题	
1. 我的员工究竟出了什么问题?	他迷失了方向,对公司的政策调整无所适从。
2. 问题的主要原因是什么?	他感觉自己受到了误导,长期的努力都白费了。
3. 目前存在的问题对员工的工作有何种影响?	破坏性的。
4. 目前存在的问题对我领导的整个团队产生了什么影响?	团队无法正常工作,危及到了我的领导地位。
5. 我目前采取了什么行动?	没采取任何行动。
6. 员工对这些行动的反应?	没有。
7. 我什么时候和他谈话?	尽快。
8. 我在谈话中需要传达的主要意思是什么?	没能及时通知你公司的政策调整是我的错,但你目前的状态对于你自己和整个团队都是没有益处的。
9. 我将向员工提出什么样的问题和要求?	怎样才能帮助你把注意力转移到公司新的决策方向上来?
10. 我如何判定谈话取得了预期目的?	安德鲁将会接受,至少是部分接受我"把注意力转移到公司新的决策方向上来"的建议。

完成了这个环节之后,谢里尔对即将与安德鲁举行的谈话更加自信。几天以来,她第一次强烈感觉到问题最终一定能够得到妥善解决。

73

一次坦诚的谈话

第二天，当安德鲁在办公室的待客沙发上坐定之后，谢里尔与他进行了如下谈话：

> 谢里尔：安德鲁，这次谈话的主要目的是想帮你了解公司新的决策方向，但是我先要为我的两个失误向你道歉。
>
> 首先，我应该及时向你通报公司的决策调整。我知道曾经的项目对你意味着什么，坦率地说，我也为它的流产感到惋惜。没能提醒你及时终止项目，白白耗费了你的精力和热情，这是我的失误。其次，在山姆决策的过程中，我本来可以做些什么，尝试着挽救你的项目，我却没能那样做。对此，我真的很抱歉。但是现在，最高层的决策已经生米煮成熟饭了。作为基层人员，我们能做的只是适应这种调整。所以我想知道，你在目前情况下对我们的工作方向有什么看法？

在这次谈话过程中，谢里尔虚心地对自己的失误进行了解释和道歉，她没有强调任何借口，没有过分顾及自己的感受，更没有强迫安德鲁相信什么，只是凭借自己的坦率，引导、感化着安德鲁。事情的结果正如谢里尔希望的那样，安德鲁终于可以重新坐下来，就目前的形势与她推心置腹地交流了。更重要的是，经过这次谈话，谢里尔重新在他们之间构筑了真诚合作的气氛。

谢里尔的话语充满了对谈话双方的尊重。特别是她的道歉，既真诚又自信。很多人的道歉，表面上是承认自己的错误，其实却往往是把责任卸给对方。像谢里尔这样既诚挚，又勇于承担责任的道歉方式是需要很大勇气的。正是凭借这一点，谢里尔获得了谈话的主动权，引领着安德鲁进入"5C方案"的第3步：明确目标和角色（clarify goals and roles）

目标定位对于企业的意义

谢里尔的顾问乔伊斯建议她与安德鲁的谈话可以围绕着企业的目标定位问题展开。众所周知，明确的目标定位可以为企业的经营指明方向，是企业成功的关键因素之一。有些时候，企业的目标定位是以文字定义的形式笼统、宽泛地得到表述的，这通常是针对企业的长期目标而言；有些时候，企业的目标定位则是以更加形象、具体的方式得到呈现的，这通常是针对某一时期内企业的短期目标而言。

无论企业的目标定位是笼统、宽泛的，还是形象、具体的，它都可以为所属员工和团队提供明确的前进方向，确保他们不会在一些不相关的问题上浪费时间和精力。打个比方来说，如果你已经目标明确地准备去火奴鲁鲁（夏威夷，译者注）旅游，你就会直截了当地搜集、研究与火奴鲁鲁有关的各种旅游信息，而不会在与伦敦或者喀布尔有关的信息上浪费感情。你可能偏爱不同的交通工具，也可能会选择迥异的出行路线，那都没有关系，因为你清楚地知道，自己此行的终点是火奴鲁鲁。牢牢记住这点，就算偶尔出现路线偏差，你也可以及时修正自己的方向。明确的目标就像暗夜中的灯塔一样，始终在前面指引着你，召唤着你。

谢里尔和乔伊斯明确地意识到，在安德鲁的案例中，高层管理者实际上已经为他和整个团队提供了明确的目标定位。问题的关键在于，没有人能够及时帮助安德鲁意识到这一点，并且对自己的工作进行相应的调整。失去方向感的他只好按照原先的惯性和热情行事，于是最终导致了问题的发生。

使用"目标定位工具表"

为了使企业的目标定位得到有效贯彻，目标定位必须以逻辑清晰、用语准确的书面形式传达给员工本人（相关内容还将在本书第7和第8章中得到进一步阐述）。本表的每个步骤都必须认真填写，任何失误都可能造成误解的出现。

目标定位工具表

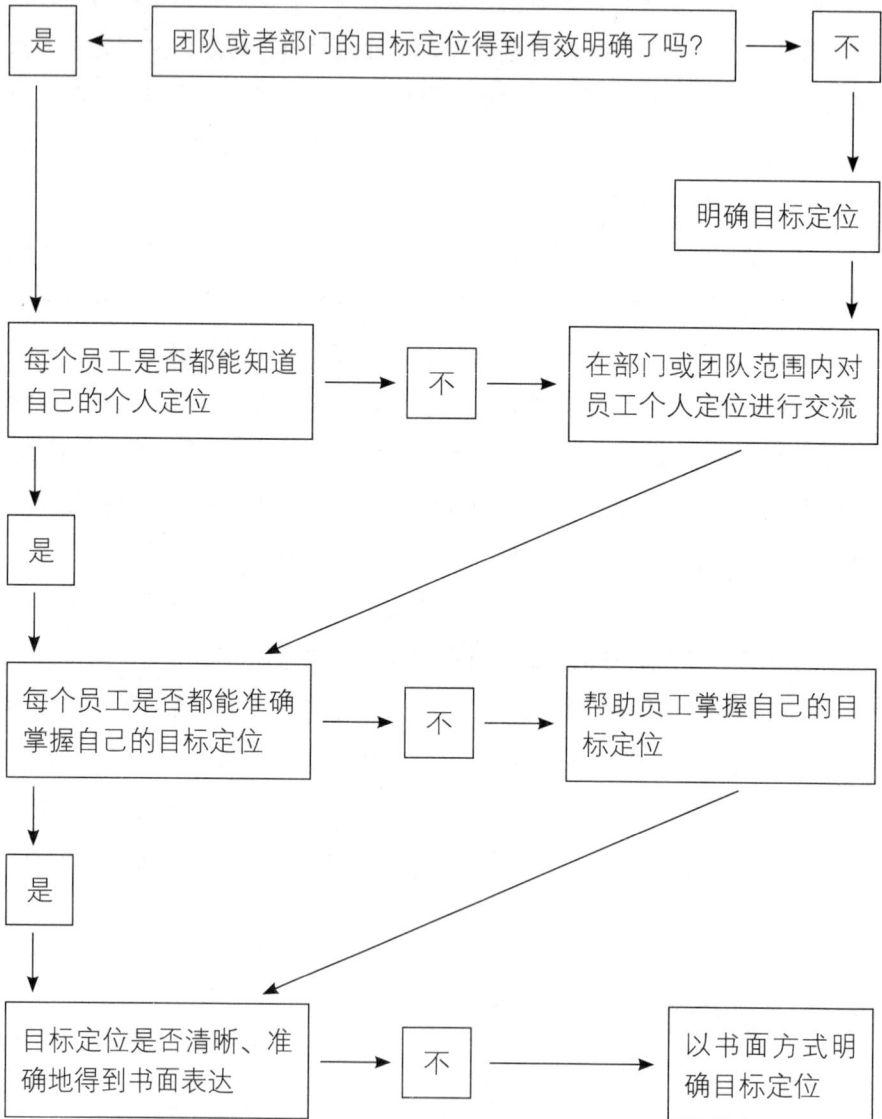

```
┌─────┐        ┌──────────────────────────────┐        ┌─────┐
│  是 │ ◄───── │ 团队或者部门的目标定位得到有效明确了吗? │ ─────► │  不 │
└─────┘        └──────────────────────────────┘        └─────┘
   │                                                        │
   │                                                        ▼
   │                                               ┌──────────────┐
   │                                               │  明确目标定位  │
   │                                               └──────────────┘
   ▼                                                        │
┌──────────────────┐      ┌─────┐      ┌──────────────────┐
│ 每个员工是否都能知道 │ ───► │  不 │ ───► │ 在部门或团队范围内对 │
│ 自己的个人定位      │      └─────┘      │ 员工个人定位进行交流 │
└──────────────────┘                    └──────────────────┘
   │                                              │
   ▼                                              │
┌─────┐                                           │
│  是 │                                           │
└─────┘                                           │
   │                                              │
   ▼                                              ▼
┌──────────────────┐      ┌─────┐      ┌──────────────────┐
│ 每个员工是否都能准确 │ ───► │  不 │ ───► │ 帮助员工掌握自己的目 │
│ 掌握自己的目标定位  │      └─────┘      │ 标定位            │
└──────────────────┘                    └──────────────────┘
   │                                              │
   ▼                                              │
┌─────┐                                           │
│  是 │                                           │
└─────┘                                           │
   │                                              │
   ▼                                              ▼
┌──────────────────┐      ┌─────┐      ┌──────────────┐
│ 目标定位是否清晰、准 │ ───► │  不 │ ───► │ 以书面方式明  │
│ 确地得到书面表达    │      └─────┘      │ 确目标定位    │
└──────────────────┘                    └──────────────┘
```

"目标定位工具表"的使用主要可以概括为 4 个步骤：

1. 明确团队或部门的目标定位。

2. 在团队、部门范围内向每个员工贯彻自己的目标定位。

3. 帮助每个员工准确掌握目标定位。

4. 以书面方式明确目标定位。

很多管理者按照上述步骤采取行动的时候，总会省略第一步，直接从第二步开始，这不能不说是存在缺陷的。因为员工在对团队或部门宏观目标定位缺乏领悟的情况下，就很难充分意识到落实到自身的微观目标定位的重要意义。耐心地完成第一步，使员工能够对团队或部门宏观目标定位获得一个整体的把握，能让你的努力付出得到意想不到的收获。

如果你是某个服务行业的管理者，当你向手下的某位员工下达任务，要求他对每天的回头客人数进行统计的时候，你可以尝试着采用这样的下命令方式："咱们公司为了吸引回头客准备采取一些新的刺激措施，因此需要对每天客流中的回头客人数进行统计。咱们部门被公司安排承担这个任务。我觉得你在这方面很有经验，是比较合适的人选。这对于你也是一次展示能力的机会。"而不是简单地命令他："去把每天的回头客比例统计出来，向我报告！"

当你的员工通过了解团队或部门宏观目标定位，从而对自己的工作定位实现深入理解之后，他将更加精力充沛、方向明确地完成交付给他的工作。除此之外，向员工阐释团队或部门宏观目标定位的过程也是鼓舞士气、掌握员工思想、心理状态的过程。如果他们对你的阐释进行了积极回应，你的工作就取得了成功。如果他们表现出茫然，甚至抵触的情绪，你可以暂时打住，通过提问交流的方式与员工沟通，扫除障碍。这些问题必须是具有启发性的，可以参考前面提到的"与问题员工沟通前你需要认真考虑的 10 个问题"的模式，10 个一组，层层深入。例如："你对目前公司的目标定位有何看法？你觉得怎样才能达到这个目标？你似乎对这个目标很没有信心，究竟是什么原因呢？" 正如你在 "5C 方案" 第 4 步 "沟通引导（coach）" 的相关介绍中已经和将要领略到的那样，这种启发性的提问方式可以帮助你和你的员工在很多方面求同存异，达成共识。

解决

完成上述步骤之后，谢里尔对她和安德鲁之间有关公司目标定位的交流充满了信心，以下是他们谈话的实况记录：

谢里尔：安德鲁，你是如何理解公司的宏观目标定位与你正在负责的中小企业可持续投资项目之间的关系的？

安德鲁：很简单。我的目的是要提升在非洲的资金投入，从而最终为美国的投资者带来可观的利益。

谢里尔：你应该明白，除了 "必须在非洲进行投资这一点之外"，咱们的看法其实并不存在冲突。你确信将投资目的地确定为非洲是你所策划的投资项目中绝对不可分割的先决条件吗？

安德鲁：我不知道。这个项目初步运作的时候，我还没来这家公司，不过 "由我负责针对非洲拓展业务" 确实是我跳槽来咱们公司的前提条件之一。

谢里尔：在我看来 "吸引更多投资，追求最大收益" 才是咱们公司最基本的经营理念。至于针对哪里进行投资，那只是一个次要条件，是可以根据客观条件适时调整的。

安德鲁：我觉得我们可以不用再提非洲的事情了。如果你早点告诉我上面那些话，恐怕我们也就不会有那么多不愉快了。

谈到这里，谢里尔和安德鲁静静地对视了几分钟，他们十分惊讶：对于公司目标定位理解上小小的一点分歧居然最终会在工作中引发出这么大的麻烦。写到这里，我们也想再次提醒你，作为管理者，在向下属下达任务过程中的任何疏漏都可能导致最后总结果的南辕北辙，引发很多不必要的麻烦。

确定目标

无论工作还是生活，人都需要明确的目标定位，这恐怕不仅仅是精神的需要。在顺利完成工作任务方面，明确地目标定位具有不可或缺的重要意义。在工作过程中，很多人都迫切地需要知道自己究竟应该做些什么，自己最终将要达到什么目标。对于团队中的每位成员来说，"方向感"的缺失往往会导致工作任务的失败。这也就是为什么缺乏"方向感"的员工，相比其他人，更容易发展成为问题员工的根本所在。明确的目标定位对于团队所有成员都是极其重要的，即便他们可能会对这一目标定位存在不理解，甚至异议，但是无论如何，明确目标定位的存在和贯彻本身就可以为所有工作顺利地按要求完成提供必要的方向保证。

正如你所知道的那样，并非所有的目标定位都是有效而可行的。为了保证目标定位的有效性，在制定目标定位的过程中，你有必要依据以下 3 个原则对其进行规范和检验：

> » 目标定位是否具有"外向性?
> » 目标定位是否能够真正回答"为什么这样做"的问题？
> » 目标定位是否"SMART"？

内向性目标与外向性目标

无论具体内容存在何种差异，不同的目标定位大致可以被概括为两类：内向性的和外向性的。前者强调工作被完成，并在他人身上产生明确后果；后者则更多注重工作被完成本身，不具有强烈的他指性。

为了详细比较"内向性目标"与"外向性目标"的差异，我们可以这样举例说明。以下是"内向性目标"：

» 6 月前在手册中为新出台的计划增添两个章节。
» 本季度为你负责销售的产品寻找 10 个新客源。
» 12 月前录用 3 名新员工。

经过适当改动，它们就可以变成下列的"外向性目标"：

» 站在公司总人数 50% 的新员工的立场上为员工手册编写新内容，帮助他们尽快适应我们的企业文化，融入团队。根据情况需要，增添的新内容可设置为两个章节。
» 9 月前为我们的新产品开发 10 位新客源，激发他们的购买兴趣，将客户的反馈及时汇报给整个团队。
» 12 月以前，录用 3 名能够适应，并且真正融入我们部门氛围（虽然偶有摩擦，但总体比较融洽）的员工。

体会出两种目标定位的差异了吗？与"内向性目标"不同，"外向性目标"不仅强调任务完成本身，还强调任务完成对于团队整体工作的积极意义。毋庸置疑，不仅仅局限于任务本身的"外向型目标"更加明确，也更加具有可执行性。它的确立能够在个人工作与团队整体任务间建立清晰的关联，帮助每个员工从根本上理解自己从事的工作，调动他们工作的积极性。

与之相反，"内向性目标"往往容易导致误解甚至矛盾的出现。或多或少，我们都曾经领受过类似于这种没头没脑的任务："回来开会！……写份备忘录！……回家路上买点牛奶！"过多地领受这样的任务，长此以往，会让人产生一种"自己不是有血、有肉、有感情的活人，只是机器里面一颗冷冰冰的零件"的错觉，麻木地接受任务，麻木地完成任务，自然也就没有多少工作积极性可言。

基于上述原因，当你为手下员工布置任务的时候，你必须记住布置任务的方式本身也可能关乎任务的成败。管理是一门艺术。员工对于工作的不满甚至抵触，很大程度上就可能产生于你的管理努力。过度内向性的目标定位往往会损耗员工的工作积极性，外向性的目标定位则可能会为工作带来意想不到的收获。特别是在面对问题员工的时候，外向性的目标定位可以让员工切实感受到自己对团队的价值，帮助他走出心理阴影，同时也能够让你对员工的价值重新进行认识，增进你们之间的了解和互信，提升工作水平。

回答"为什么这样做"

判别有效目标定位的第 2 条标准是看它能否真正回答"为什么这样做"的问题。在你回答这个问题的过程中，你也可以通过强调工作本身的重要意义，把自己以及他人对目标定位的理解提升到一个更高的水平。在某种意义上，"为什么这样做"的问题是从另一个角度对工作的预期效果进行阐释。

从回答"为什么这样做"的角度构建目标定位还远远不止确定一个具有外向性的目标这么简单。因为"外向性目标"只是明确阐述了工作的最终目的，回答"为什么这样做"的问题则进一步说明了完成这项工作的根本意义所在，两者是互为补充的。为了将前面提到的 3 个例子完善成为能够回答"为什么这样做"的版本，我们可以对它们进行如下修改：

» 站在公司总人数 50% 的新员工的立场上为员工手册编写新内容，使我们在帮助他们尽快适应企业文化，融入团队的过程中有据可循，也为人力资源部门帮助他们答疑解惑提供必要的方便。

» 在 9 月之前开发 10 位新客户试用我们的产品，激发他们的购买意愿，为我们的产品进军巴哈马地区打开门路。

» 12 月前招募 3 位能够很快适应团队氛围、进入工作状态的新员工。这可以帮助玛丽分担工作压力，也可以让琼斯获得更多外出考察、学习的机会。

"SMART" 的目标定位

有效的目标定位除了具有外向性，能够明确回答"为什么这样做"的问题之外，还应该是的"SMART"的。"'SMART' goal"的概念最初由人力管理专家、资深顾问乔治·多伦（George Doran）提出，已经在人事管理领域被反复验证和使用 30 年之久了。"SMART"中的 S 指的是 specific，即"具体"；M 是 measurable，即"量化"；A 是 agreed-on，即"共识性"；R 是 relevant & realistic，即"关联性和实际性"，意指设定、交付的目标必须和该岗位的职责相关，并且切实可行；T 是 time-based，即"时间性"，也就是说要为目标完成设置明确的期限。为了保证你所设定的目标是一个"SMART"的目标，你可以参照下面的例子对其进行设置：

» specific

"我们要改善现有的数据输入系统"，表面上看起来，这个目标设定得非常明确，然而实际上，它却为执行者预设了太多的不确定性。例如"我们究竟要在哪些方面对数据输入系统进行完善？完善到何种程度？"在这个目标的表述中都没有具体涉及，很可能会使你的团队在具体执行的过程中无的放矢。

» measurable

在制定目标的过程中一定要保证最终的结果是可以量化测评的，这将帮助你的团队对工作完成情况进行准确的把握。例如"在未来 9 个月中，将数据输入效率提高 22%"就是一个可以量化测评的目标定位，与之相比，"我们要改善现有的数据输入系统"就不具有可量化测评的性质。前者以"22%"的数字明确表述了目标的最终预期，使所有人的工作都能够有据可依；后者过于含混的定位则将在具体执行过程中，带来不必要的误解和混乱。

» agreed-on

很多管理者在设定工作目标的过程中往往不考虑团队员工的感受。"在未来 9 个月中，将数据输入效率提高 22%"的工作目标应该是可以实现的，但你是否认真考虑过这个目标能否赢得整个团队的积极响应呢；为了实现它，所有团队成员将要付出怎样的代价呢；为了完成这个目标把他们的工作强度再提高 10% 或者 50% 是否具有可行性呢？

忽视整个团队的态度制定工作目标很可能会为目标的最后实现带来各种问题，因此在制定具体的工作目标之前，你很有必要在整个团队的范围内征询各方面的意见。这将保证你不会在未来的某一天为自己曾经的鲁莽决定后悔不已。

» relevant & realistic

保证最终制定的工作目标与整个公司的目标、整个部门的目标，甚至具体执行员工的目标存在必要的关联性，将有助于工作目标的顺利完成。如果你手下的员工被赋予了与自己岗位职责无关的工作目标，他们很可能会对此产生抵触情绪，甚至置之不理。

此外，有效的目标设定还应当是切实可行的。在制定工作目标的过程中，除了保证目标能够得到团队中每个人的理解、认同之外，这个目标的设定还必须有一个"度"的掌握。既不能起点过高，远远超过团队的现有能力，好高骛远；也不能起点太低，使你的团队丧失前进的锐气。稍稍高于团队的现有水平，既具有挑战性，又切实可行，才是比较明智的目标制定思路。

» time-based

"时间性"是目标制定过程中需要考虑的一个重要因素。为你制定的工作目标设置最后期限，并使任务完成的每个阶段以"进度时间表"的形式得到具体显现，并以"每周小结"的方式定期检查工作进度的完成情况，将使所有人的工作保持必要的节奏，按部就班。缺少了"进度时间表"的具体制定和贯彻执行，你指定的目标设想就永远只能是设想而已。

保证团队的步调统一

当你按照上述要求制定了明确的工作目标，你还需要做些什么，才能真正领导你的团队将它变成现实呢？

首先，你必须保证团队中的每个人都能对团队的整体工作目标，以及在此基础上自己个人的短期目标了然于胸。为了达到这个目的，相关人员的定期例会交流是必不可少的。在这些定期例会上，他们可以对已完成的工作情况进行总结，并且为未来一天或者一周的工作制定相应的短期目标，及时修正已经或者可能出现的各种偏误，保证所有成员能够步调一致、齐心协力地完成任务。

为了保证团队的长期战略目标得到贯彻执行，还有必要举行季度或者年度的例会，对其完成情况进行考评。在例会进行的过程中，所有团队成员都应该对自己的工作完成情况进行详细总结，提出必要的参考意见。在例会结束之前，还需要对下一季度或者年度的工作任务进行布置，并且采取有效手段保证它们能够得到切实实施。

最后，作为整个团队的领导，你必须明白简单的一次会议、一封E-mail，或者一则备忘录是不一定能确实保证自己设立目标被手下员工记住，并且贯彻执行的。通常来说，多数人要通过至少6种不同渠道认识同一件事情，才能保证这件事情被真正记在心里。因此，在给员工布置工作任务的过程中，要尽量多管齐下，从不同渠道帮助员工加深对目标的记忆和理解。除此之外，你还可以尝试着采取一点小手腕。如果你平时习惯用E-mail和员工联络，那么这次你就可以试着给他打个电话；如果你平时习惯给员工发纸质的说明文件，那这次就给他发封E-mail；如果你平时习惯给员工打电话，这次也可以搞个面对面的交流。总之，人对自己熟悉的事物容易变得熟视无睹，经常性的变换沟通渠道，保持新鲜感，往往更容易引起员工的重视。

综上所述，你所做的一切就是要让员工准确理解整个公司、部门，乃至他们个人的长期和短期工作目标，帮助他们明白自己的工作对于整个团队的意义，从而保证工作目标的最终贯彻执行。为了达到这个目的，你有必要以不同方式，在不同时间和地点，多次（至少6次）向员工强调他所肩负的工作职责。如果你在与员工交流方面存在问题，可参考本书第10章"沟通引导（coach）"部分的有关内容。

解决

目前为止，谢里尔已经向安德鲁大致说明了大老板山姆做出投资方向转移决定的根本原因，以及这个决定对于公司未来发展的重要意义，并且也为安德鲁未来的工作找到了一个具有内向性的目标——将基金投资方向转向其它地区。遗憾的是，这个目标定位还缺少前面已经被我们反复强调的3个必要因素。与此同时，谢里尔突然意识到安德鲁曾经为之努力的那个"在非洲拓展投资市场"的工作目标也存在很大的缺陷，同样没有满足3个必要因素。意识到这一点的谢里尔决定找山姆谈谈，重新帮安德鲁确立一个更加有效的工作目标，找回失落的方向感。

结果

通过和山姆的谈话，谢里尔逐渐认识到她的失误在于，在过去的一段时间，她从来就没有认真考虑过安德鲁的工作目标，只是顺其自然，最终导致了今天的问题。现在，为了重新打开局面，她首先必须对山姆做出投资方向转移的决定的根本原因进行深刻理解。

为了说明这个问题，山姆向谢里尔展示了一些作为自己参考的国际问题报告和形势分析。这些报告大多来自可靠的信息来源，它们集中分析了在当前情况下在非洲地区进行投资存在的巨大风险和不确定性。对此，谢里尔也表示赞同。既然非洲地区目前不适合投资，那么接下来的问题就是寻找一个新的投资目的地。关于这方面，山姆已经有了他自己的看法，但他首先还是想听听安德鲁的意见。特别是在听取了谢里尔关于目前安德鲁工作情况的汇报之后，他更加觉得有必要和安德鲁面对面地交流一下了。

通过这次会面，谢里尔也为自己和安德鲁德下次谈话奠定了基础。在这次谈话中，谢里尔和安德鲁集中就目前的国际政治、经济形势问题进行了集中探讨。谈话之后，虽然安德鲁还对山姆的决定表示一定程度的不理解，但他也基本赞同山姆"目前非洲地区不适宜投资"的看法。

初步达成共识之后，谢里尔安排安德鲁重新选择目标地区，制定一个相应的投资方案，完成后上报给她和山姆。领受任务的安德鲁在之后的几个星期一直全力以赴地准备投资方案。在这个过程中，谢里尔吃惊地发现，安德鲁曾经出现的所有问题都逐渐烟消云散了。当方案完成，并且获得谢里尔和山姆的肯定之后，安德鲁重新干劲十足地投入到新的工作之中，重新找回了"方向感"，再次成为公司里的明星员工。

通过安德鲁的案例可以看到，如果你的员工已经在工作过程中走得太远，甚至滑出了正轨，你可以帮助他暂时停下来，重新为他、为整个团队确立以一个有效的工作目标。这可以帮助所有人再次明确自己的工作职责，消除误解，最终摆脱僵局，回到正轨。为了达到这个目的，作为团队的管理者，经常性地与员工保持沟通是很有必要的。

第6章总结

» 有效的目标定位应该与团队的整体任务相适应，并且明确说明自己的意图所在。

» 缺少"方向感"的目标定位可能引发各种工作问题，并且将你手下的明星员工"催化"为问题员工。

» "外向性目标"可以为员工的工作提供明确的指引，"内向性目标"则可能带来误解和混淆。

» 务必保证你确立的工作目标满足"SMART"的条件。

» "目标定位工具表"将帮助你和你的员工准确找到你们在工作目标理解方面的分歧，求同存异。它的具体使用步骤如下：

1. 明确部门、团队工作目标。

2. 在部门、团队范围内就每个人对自身工作目标的理解进行交流。

3. 与每个员工取得共识。

4. 将达到的成果落实在纸面。

5. 如果你发现是由于自己的原因导致了员工工作过程中的一系列问题，就要勇于承认错误。这将使你在员工中获得更多的威信和好感。

嘻嘻哈哈

7

上一章，你已经基本了解了目标和角色定位的不明确可能为员工和工作引发的一系列问题。在挽救问题员工的过程中，及时帮助员工对自己在团队中扮演的角色进行准确定位，将有助于问题的最终解决。这个任务完成得越好，成功挽救问题员工的可能性也就越大。在本章中，你将看到由于角色定位不清所导致的另外一种类型的问题员工：嘻嘻哈哈。

遭遇嘻嘻哈哈哈的家伙

很多管理者都难以相信那些整天阳光灿烂，为办公室带来无尽欢笑的员工最终也有可能转化为问题员工。通常来说，这种类型的员工总是团队中最受欢迎的一个群体。毕竟，谁不喜欢能在自己枯燥的工作环境中增加一点幽默和乐趣呢。但是中国有句古话：过犹不及。任何事情做过了头儿，哪怕是好事，也可能造成一定程度的负面问题。特别是在你手下的员工总是热衷于和你的客户嘻嘻哈哈的时候，就很可能给客户造成一种你们的公司不正规、不尊重客户的印象，最终导致客户的不满，白白丢掉送上门的生意。除此之外，就像"狼来了"的故事里所讲的那样，过分嘻嘻哈哈哈的家伙最终会造成周围的同事对他产生集体不信任感。大家会把他说的、做的一切都当作笑话看待，哪怕他是认真的。长此以往，误会和冲突自然无法避免，最终会对当事人和整个团队的工作造成消极的影响。

案例研究：被人当作小丑

伊恩是名新毕业的儿科医生，最近刚刚加入了一家中等规模的医疗机构。单位里的前辈同事们对伊恩的医疗技能非常满意。除了干好自己的本职工作，伊恩最大的爱好是模仿金·凯瑞（Jim Carriey，加拿大裔美国喜剧演员，号称"好莱坞喜剧天王"，译者注）和他的小患者们调笑、搞怪，他也因此积累了不少人气。遗憾的是，小患者的父母们对于伊恩的滑稽幽默并不买账。家长们觉得伊恩对待他们的那种嘻嘻哈哈的态度很轻薄，甚至含有蔑视的成分。

问题

莱特瑞尔夫人不是第一个向伊恩的主管领导勃兰尼投诉他对待患者的态度的客户。虽然很多患者家长对于伊恩的作风都抱着宽容、理解的态度，觉得他就是一个"大孩子"，但是在莱特瑞尔夫人看来，这个"大孩子"玩得实在有点太出圈了。"我女儿的哮喘病没什么好笑的，我觉得他那个德行根本就不像个医生！"明显气急败坏的莱特瑞尔夫人这样向勃兰尼投诉道，"如果他还不能端正自己的态度，我就必须给我女儿换个医生了。"听到这里，勃兰尼觉得确实是该帮伊恩好好改改他的毛病了。

应该承认，管理者也是人，有些时候也会因为怕麻烦，对员工身上的问题采取"鸵鸟策略"，得过且过。但你必须明白，"拖"是不能解决问题的，很多时候，有意拖延只会让问题变得更加严重，直到不可收拾，比如伊恩的例子。因此，作为明智的管理者，还是应该在问题刚刚露出苗头的时候就及时采取干预措施，避免养虎为患。这样做对于管理者自己，对于员工，对于客户都是有好处的。

花点时间仔细想想

因为感觉还有点理不清头绪，勃兰尼决定先仔细考虑一下，再对伊恩采取行动。在那天晚饭之后，勃兰尼倒了一杯酒，带着 Ipad 和有关"5C 方案"的材料，把自己关进了书房，准备在纸面上和伊恩进行一次想象的"谈话"。

这里需要说明一下，勃兰尼是个内向的人，因此他更加习惯一个人，在纸面上借助"5C 方案"的各种表格，为和员工的谈话做准备，而不是通过交流，征询同事、朋友的意见，比如本书第 3 章中马库斯所做的那样。两种方法并没有本质的区别，每个人可以依据自己的性格特点，选择适合自己的方式。

内向的人和外向的人

从个性差异的角度来说，内向的人更习惯独自一人，借助书面文字进行思考，外向的人则青睐通过言语，在与别人交流的过程中来组织思想，寻找灵感。内向的人不喜欢自己的思考过程被人打断，外向的人在谈话中如果不能及时得到对方回应，就会感到无所适从。假如你是一位管理者，并且性格内向，而你需要面对的问题员工恰好却是一位性格外向的人。你希望能在谈话开始前就理清思路、写好提纲，做到有条不紊。你的员工却可能更愿意在谈话过程中就事论事，随机

> 应变地解决问题。这样性格迥异的两个人碰到一起，交流就很可能出现问题。因此，在很多时候，事先摸清对方和自己性格特点，做到知己知彼，往往能够起到事半功倍的效果。

在按照 "5C 方案" 第 1 步精心准备的过程中，勃兰尼欣慰地发现情况并不像他想象的那么坏。伊恩也并非一无是处，最起码他还是位相当称职的医生。考虑到这些因素，勃兰尼很轻松地完成了 "5C 方案" 的第 1 步 "决定挽救还是放弃（commit or quit）"，他决定挽救伊恩。但是在思考第 2 步 "交流接触（communicate）" 的过程中，勃兰尼却遇到了需要认真考虑的 3 个难题：

» 首先，伊恩对病人很热情，也很受他们的欢迎，但他却经常忽视病人家长的感受；

» 其次，勃兰尼不想动用行政手段强迫伊恩改变什么，虽然他有权力这么干，因为他不愿意因为这件小事就和一位工作、为人都很不错的新同事撕破脸面。

» 最后，虽然勃兰尼不是心理学家，但他还是本能地感觉到，如果能在和伊恩交流的过程中采用一些合适的技巧，就一定可以得到皆大欢喜的效果。

基于如上考虑，勃兰尼在他的 Ipad 上完成了 "与问题员工沟通前你需要认真考虑的 10 个问题"：

与问题员工沟通前你需要认真考虑的 10 个问题	
1. 我的员工出现了什么问题？	工作的时候嘻嘻哈哈。
2. 问题的根本原因在哪？	为了逗小患者开心，本意是好的，但做得太过火了。
3. 这对该员工的工作状态产生了什么影响？	基本没有影响，他是个好医生。
4. 这对我们的团队产生了什么影响？	具有潜在威胁，可能因此得罪客户，丧失客源。
5. 我目前对此采取了什么措施？	基本没有，但必须赶快采取措施，亡羊补牢。
6. 我的员工对这些措施反应如何？	没有。
7. 我应该在什么时候约他谈话？	尽快，只要我确定了谈话思路。
8. 我在谈话中需要说明的最核心问题是什么？	不能得罪家长，不然我们大家都得喝西北风。
9. 我需要向伊恩提些什么问题？	你如何才能更策略地与小患者们交流，同时取悦他们的家长？
10. 我如何判定谈话是否取得预期效果？	从短期来看，经过这次谈话，伊恩能够认识到问题的存在，并就解决方法与我达成共识；从长期来看，伊恩在工作中会更加注意自己的言行举止，不会再有家长找我投诉。

寻找"犯罪动机"

当写到第 9 个问题的时候，勃兰尼突然意识到他已经为事情的解决找到一点头绪了。也许伊恩并没有意识到他和家长一起，都是为那些小患者谋福利的合作者？也许伊恩还没有意识到，在某种意义上，家长才使真正的"顾客"，因为他们是最后买单的人？

如果你喜欢读侦探小说、看破案电影的话，你就会发现，在这里勃兰尼使用了一种类似警察办案的思维方式。作为管理者，有些时候，你必须学会使用这种似乎专属于警察的思维方式，来寻找每个人异常行为背后的深层动机。

正如你在本书前面几章已经看到的那样，解决问题员工矛盾的关键往往集中于"5C 方案"的第 2 个环节——交流接触（communicate）。有些时候，你会为自己无法准确把握究竟是什么原因导致手下员工出现问题行为而抓狂无比。这其实是很正常的，因为在很多时候，除了当事人自己，没有人能说清他做或不做某件事情的真正原因所在。但是如果你学会了勃兰尼在这里使用的思维方式，你就不必为自己的无所适从懊恼无比了。在无法确定对方行为的深层动机的前提下，你可以首先和他进行一次试探性的谈话，就像警察或者侦探通常所做的那样，为最后"破案"搜集证据。举个例子来说，如果你问你的员工："你是否因为我提拔了雪莉而不是你心存怨恨？"而她回答："不。"那么你就可以暂时把这种可能性放在一边，为问题的解决拓展思路。即便你因此在这个环节上花费了太多时间，你也不用觉得懊恼。有句俗话说得好：磨刀不误砍柴工。一旦找到了深层的动机，接下来的问题也就可以迎刃而解了。

在这个案例中，深思熟虑的勃兰尼最终认定伊恩的"犯罪动机"很大程度上要归因于他对于自己在单位中所扮演的角色认识不清。认识到这点之后，他决定进入"5C 方案"的第 3 步：明确目标和角色（clarify goals and roles）

寻找自己的角色定位

在本书的第 6 章中，你已经看到有效的目标定位对于团队的最终成功起着至关重要的作用。很多时候，有效的角色定位也起着相同的作用。

看到这里，你或许会问，"'目标定位'和'角色定位'说的不是一回事吗？"是的，这两者之间的确存在着紧密的关联。但是如果细心体味，你就会发现，"目标定位"的含义往往更加强调企业或者团队的整体经营方向层面，"角色定位"则更多强调的是精确到员工个人的任务、职责，也就是他们在团队中需要扮演的角色。为了说明这个问题，我们可以在回到第 6 章，再说说去火奴鲁鲁旅游的例子。如果你参加的旅行团是要去火奴鲁鲁旅游，那么你所在的团队也就被赋予了一个整体性的目标定位：火奴鲁鲁。但是为了到达火奴鲁鲁，你在这个团队中究竟应该具体扮演什么样的角色呢？飞行员、导游、行李员，还是……总之，不论角色大小，为了齐心协力到达火奴鲁鲁，你都会获得一个属于自己的角色。

准确找到自己的角色定位是如此重要。如果你手下某位老哥对自己的定位是"飞行员"，而他真正的角色却应该是属于地勤人员的"燃料加注员"，那么你们的"旅游包机"就可能因为燃料不足或者操作失误中途坠毁，大家最后到不了火奴鲁鲁。或者你手下的两位大哥同时认定自己的扮演角色是"燃料加注员"，那么一方面"燃料加注员"的岗位就会出现冗余，白白耗费时间、物资；另一方面某些岗位又会出现空缺，成为"三不管"；大家最后还是到不了火奴鲁鲁。

应该如何应对这种情况，避免问题出现呢？作为管理者，你的职责就是为特定的角色寻找具有相应天分和能力的合适人选。这也是一门艺术，你不可能一蹴而就地为所有人立刻找到适合自己的角色定位，但你可以先大致为他们安排一个适合自己的角色，然后再根据他们的工作情况进行微调，为每个角色寻找最适合的"演员"。

角色（目标）定位工具表

```
┌──────┐    ┌─────────────────────────────┐    ┌──────┐
│  是  │ ◄──│ 团队中的所有角色是否都得到了准确定位 │──►│  不  │
└──────┘    └─────────────────────────────┘    └──────┘
    │                                               │
    │                                               ▼
    │                                    ┌─────────────────┐
    │                                    │  准确定位团队中的  │
    │                                    │    所有角色      │
    │                                    └─────────────────┘
    │                                               │
    ▼                                               ▼
┌──────────────┐    ┌────┐    ┌──────────────────┐
│ 员工是否知道他自己的 │──► │ 不 │──► │ 在团队的各种角色中为 │
│   角色定位    │    └────┘    │  每个员工寻找自己的 │
└──────────────┘             │    角色定位      │
    │                        └──────────────────┘
    ▼
┌──────┐
│  是  │
└──────┘
    │
    ▼
┌──────────────┐    ┌────┐    ┌──────────────┐
│ 员工是否真正理解了 │──► │ 不 │──► │ 帮助员工理解自己的 │
│  自己的角色定位  │    └────┘    │   角色定位    │
└──────────────┘             └──────────────┘
    │
    ▼
┌──────┐
│  是  │
└──────┘
    │
    ▼
┌──────────────┐    ┌────┐    ┌──────────────┐
│ 所有角色定位是否都以 │──► │ 不 │──► │ 书面落实已确定的所有 │
│  书面形式得到落实  │    └────┘    │   角色定位    │
└──────────────┘             └──────────────┘
```

正如你已经注意到的那样，这张表格与第 6 章出现的"目标定位工具表"具有相似的结构，同样可以被概括为 4 个主要步骤：

1. 在企业范围内确定自己所属团队的角色。
2. 在团队范围内对所有个人角色，也就是通常所说的岗位职责进行确认。
3. 帮助每个员工准确领会自己的角色。
4. 将所有得到确认的角色定位落实到纸面。

看到这里，可能有些人会问"难道每个团队也会有自己的角色吗？"那是自然的。为了理解这个问题，你可以把自己所属的团队想象成一个整体。在整个企业的范围里，你们是作为"一个人"履行自己的职能的。比如你公司里的法律咨询部门，其角色就是保证公司所有的决策、决议必须符合相关法律条文的规定。再比如你公司里的市场部门，它的角色就是负责全公司所有产品的营销。在整个企业的范围内，每个部门都是一个相对独立的整体，拥有属于自己的角色。因此，在帮助员工理解自己的个人角色之前，你们很有必要首先对自己部门的总体角色有一个清晰的把握。

搞清角色定位的过程很复杂，可能耗费大量的时间、精力，却又很有必要。如果员工对自己的角色定位不能准确把握，就很可能在工作中出现问题，最终耗费更多的时间、精力。而且个人角色定位的模糊不清，往往就是问题员工产生的重要诱因之一。为了避免事后"吃后悔药"，作为领导者，你有责任和义务帮助手下的每个员工准确找到属于自己的角色定位。

当你和手下所有的员工就角色定位问题达成共识之后，不要忘记将你的工作成果落实到纸面。并不是每个人都能将自己的角色定位牢记在心的，白纸黑字才能有效避免事后的争议，也更容易以此为依据建立相应的责任监督机制。

除此之外，"角色（目标）定位工具表"还可以帮助你及时发现并解决各种潜在的问题。如果你手下的员工仍然对自己的角色定位存在模糊认识，如果他们仍然无法准确找到自己的角色定位，你就可以以这张表为依据，再次对每个人应该扮演的角色进行强调。

解决

勃兰尼决定他将从角色定位问题入手，解决伊恩的问题。打定主意之后，她专门调整了时间，把伊恩约到办公室。像往常一样，伊恩一进门就做了几个让勃兰尼瞠目结舌的搞怪动作，勃兰尼进一步认定，确实是到了该给这家伙好好降降温的时候了。除此之外，勃兰尼发现伊恩还有些紧张，尽管他在竭力掩饰这一点。这更增强了她"问题最终一定能够得到解决"的信心，因为紧张恰恰说明伊恩对领导把他找来谈话的目的多少有些了解，他并非真的对自己目前存在的问题茫然无知。

> 勃兰尼：伊恩，我把你约来，是想谈一件很重要的事情。
>
> 伊恩：好的，我们谈些什么？
>
> 勃兰尼：真不知道应该从哪说起才好。有位病人家长向我投诉说对你在回答她的咨询时的态度很不满意。
>
> 伊恩：你说的是简·莱特瑞尔的母亲？说实话，我这辈子还没遇见过这么难缠的女人。
>
> 勃兰尼：也许是的吧。不过我还要告诉你，她并不是唯一一位就这方面问题找我投诉的家长。在过去的4周里，包括她在内，已经有3个人了。
>
> 伊恩：你不是开玩笑吧？
>
> 波拉尼：我真希望是在开玩笑。可是，很遗憾，我是认真的。

说到这里，勃兰尼暂停了下来，给伊恩一点适应的时间。毕竟，很少有人能够直截了当地接受自己工作存在问题的现实，尤其是像伊恩这样充满锐气的年轻人。同时你还必须提前做好心理准备，情急之下，你的员工很可能会把责任归咎于你，反客为主地提出类似这样的责问："你为什么不早点告诉我这件事？！真难以置信，我居然是最后才知道这个情况的人！"在这个时候，你必须保持冷静，不要被对方牵着鼻子走，转移话题。你已经针对这次谈话制定了详细的计划，你现在需要做的就是认真执行预定的方案，不能头脑一热，和对方陷入无谓的争执。面对类似这样情绪化的责难，你可以耐心等上一会，等自己和对方都平静下来，然后再继续原先的话题。

对于伊恩来说，这个消息来得确实有点突然。他仔细又仔细地对勃兰尼察言观色，希望能够找出她是在开玩笑的蛛丝马迹。勃兰尼耐心等待着。终于，伊恩失望了，他深吸了一口气，开始流露出沉思的表情。勃兰尼等的就是这个时候，她继续发动攻势：

勃兰尼：伊恩，我能问你个很简单的问题吗？

伊恩：当然可以，是什么问题？

勃兰尼：你觉得自己在工作的时候扮演的是什么角色？

伊恩：什么？

勃兰尼：我说过的，这是个很简单的问题。你觉得自己在工作的时候扮演的是什么角色？

伊恩：是的，这是个很简单的问题。我是儿科医生，我的角色就是帮助病人，同时和你、和单位里的其他医生维持良好的工作关系。

勃兰尼：是的，不过你是不是觉得自己的角色定位里还缺了一点很重要的东西？

伊恩：也许还应该算上办公室的行政人员，还有那些护士，我们大家必须齐心协力，才能把工作干好，真正帮助患者。

勃兰尼：那么你考虑过病人的家长们吗？如果没有他们买单，咱们也就不会有需要帮助的病人了。

伊恩：很遗憾，没有。

勃兰尼：那么你觉得你在病人的家长面前应该扮演什么样的角色？

伊恩：（做了个鬼脸）我觉得我的角色就是帮他们的孩子尽快好起来，保持健康。

看到伊恩做的鬼脸，勃兰尼几乎忍不住要申斥他几句。这个看似不经意的小动作破坏了他们已经建立起来的认真严肃的谈话气氛，也让勃兰尼对伊恩产生了负面看法。不过勃兰尼还是忍住了，她不想因为自己的不冷静破坏好不容易取得的谈话成果。

以万变应万变

不管你事先准备得多么充分，谈话交流总是存在很多不确定性的，你必定会遇到很多事先没有考虑到的情况。别人可能对你发出的信号产生误解，你也可能错误地接受来自对方的信息。你唠唠叨叨地说上一大套，却可能从对方那里得不到自己希望的回答。这时候，你不要灰心，多尝试、多交流，以万变应万变，最终总能找到恰当的解决办法。

结果

经过勃兰尼的耐心劝说，伊恩终于逐渐意识到，他的工作方法可能确实存在某些问题，并且答应要好好改改自己开玩笑不分场合的坏毛病，给病人家长们留下更好的印象，让他们觉得自己像个医生。谈话达到了这个效果，"5C 方案"模式的第 3 步——明确目标和角色（clarify goals and roles），也就顺利完成了。

经过认真分析情况，勃兰尼决定把第 4 步——沟通引导（coach）也省略掉，因为伊恩本人的态度很好，用不着她再多说什么。而且事实证明，伊恩是个非常有自控能力的人，在这之后的几个月里，他没再需要任何人的监督、提醒，就自己解决了问题。所以，第 5 步——建立责任监督机制（create accountability）也就没有必要了。

通过伊恩的案例，你可以看到，"5C 方案"的实际使用必须是因人、因情况而异的，不能过于僵化。问题的关键在于事前认真分析形势，依据"5C 方案"模式进行灵活的变通，仔细编排好每个步骤。有钢用在刀刃上，才能取得最好的工作效果。

第 7 章总结

» 角色定位不清可以导致很多问题。

» "与问题员工沟通前你需要认真考虑的 10 个问题"将帮助你在于员工谈话之前理清思路。

» "角色（目标）定位工具表"的使用可以根据实际情况，贯穿问题解决的全过程。

» 从宏观上把握企业、部门的整体角色，将有助于员工理解自己的个人角色定位。作为管理者，你需要做的不仅仅是帮助员工知道自己的角色定位，还要让他们真正接受自己的角色定位，在工作过程中切实贯彻执行。

专扫他人瓦上霜

8

通过前面几章的学习，你应该已经注意到，挽救问题员工的工作没有捷径可寻，也没有百试百灵的现成套路，奢望投机取巧几乎是不可能的。话虽如此，在这个过程中，还是有必要讲究一些方法和策略。因为尽快找到引发问题的根本所在，就可以使你的工作事半功倍。在这个过程中，及时帮助员工明确自己的目标、角色定位，将非常有助于问题的最终解决。目标、角色定位方面的任何混淆，都将对工作效果、工作关系产生不可避免的伤害，甚至导致整个团队的工作方向发生迷失。在接下来的这章，我们就将学习一个类似的案例。

遭遇"专扫他人瓦上霜"的家伙

单位里有几个热心人并不见得是什么坏事，相反还可能产生积极的作用。这些人真心实意地愿意帮助他们的同事和团队取得工作的成功，往往会受到大家的欢迎。通常来说，热心人大多很会做人，饱含善意，善于倾听和沟通，对他人一贯充满同情之心。工作、生活中，他们总是乐于为别人效劳，干些跑腿买东西，组织周末聚会之类的事情。在任何情况下，这些人总能游刃有余。不幸的是，这些可爱的家伙因为过分热心，忘记了一件很重要的事情：在自己的多种角色之间保持平衡。

"各尽所能、齐心协力"对于一支团队的成功运作是至关重要的。团队中的每位成员都拥有属于自己的角色定位，角色间互相支撑又相互制约，形成了一个充满活力的有机整体，最终实现了团队整体的良性发展。团队良性发展的前提之一，是每个角色在有限的工作时间之内，尽职尽责地完成自己被赋予的使命。"专扫他人瓦上霜"的家伙却大多不知道如何在自己的本职工作与为同事效劳之间保持平衡。毕竟，人的时间总是有限的，扫了别人瓦上的霜，就可能没有时间扫自家门前的雪。过分热心的家伙在帮助别人的同时，却往往好心办坏事，忽略了自己的职责，最终影响整个团队的进度。

案例研究：大众之友——蓓拉

除了作为一名资深项目策划，蓓拉还是整个公司的灵魂人物。她是所有人的朋友，总是时刻准备着为单位里的每个人效劳。无论他们遇到的问题是工作方面的，还是生活方面的，蓓拉总能细致、热心的提供建议和帮助。她是单位里名副其实的"大众之友"。

问题

杰瑞米作为一名 27 岁，刚刚获得提升的部门经理，也是蓓拉的直接上级，很快就被她的热情坦荡征服了。蓓拉的人格魅力，以及她在团队中的影响力，给他留下了深刻的印象。但是另一方面，蓓拉却总是无法及时、有效地完成自己的本职工作，尽管她完全具备这方面的能力。在杰瑞米看来，出现这种情况的原因可能就在于蓓拉过分热心了，热心得没有时间完成自己的工作。

杰瑞米希望蓓拉能够分清主次，首先完成自己的分内工作，然后再去为别人效劳。但是摆在他面前的有两个难题：首先，他不知道如何以一种得体的方式向这位年龄比他大一倍的老大姐提出建议，又不伤害她的面子；其次，他也不愿意看到蓓拉彻底放弃她在团队中扮演的"大众之友"的角色，只是希望她能适当收敛一下。实话实说，虽然杰瑞米对蓓拉目前存在的问题已经有了一些懵懂的认识，但他还不能完全确定蓓拉目前的工作状态是否有问题，以及她到底属于那种问题。搞不清蓓拉究竟属于哪类问题员工，杰瑞米也就不敢轻易对号入座，采取相应的措施。

师出不一定有"名"

有些时候，当你绞尽脑汁却仍然无法依据现有案例对手下员工存在的问题进行准确定位的时候，你可以先把它放在一边，直接依据"5C方案"采取行动，不必为了某些名称之类的细节问题耽误时间。要知道，问题员工的类型有成千上万，不可能每种都被记录在案。有时候，你必须具体问题具体分析，摸着石头过河。及时采取行动才是最重要的，师出也不一定有"名"。

使用"5C"方案寻找平衡

杰瑞米决定采取行动，尝试着使用"5C方案"，帮助蓓拉在自己的各种角色定位之间保持平衡。同时杰瑞米也希望随着自己依据"5C方案"的工作的逐步展开，他对蓓拉问题的理解能够得到进一步的深化。

第1步　决定挽救还是放弃（commit or quit）

在杰瑞米使用"利害得失工具表"对蓓拉的价值进行综合评估之后，他更加清楚地意识到了蓓拉的价值，并且坚信自己的团队绝对不能失去蓓拉。认识到这一点的杰瑞米决定静下心来，再观察半年，充分摸清情况之后，再采取行动。

第2步　交流接触（communicate）

鉴于蓓拉的个性，杰瑞米觉得和她进行交流是件轻而易举的事情，然而事实证明，他错了。他们的谈话一开始就陷入了僵局，对于杰瑞米的建议，蓓拉不屑一顾，并且明确表示："我希望大家在一起工作都能开开心心，所以我帮助他们，这没有什么错！"对此，杰瑞米觉得很泄气，不过他努力强迫自己想办法打破僵局。杰瑞米的努力似乎见到了成效，蓓拉终于可以耐心坐下来听他说话了，并且进一步承认"过多为别人效劳，确实影响到了她自己的工作"。

第3步　明确目标和角色（clarify goals and roles）

初步达成共识之后，他们进入了第3步。经过仔细思考，杰瑞米发现蓓拉在他领导的团队中其实同时扮演了两个角色,正式的角色是项目策划,非正式的角色则是大家的精神领袖，蓓拉的问题恰恰在于她无法在这两种角色中保持平衡。想到这里，杰瑞米迫不及待地准备采取行动了。

你也许会问，"帮助员工在他的各种角色种保持平衡，真的可以改善他的工作状况吗？"答案是肯定的，蓓拉正好就属于这样的案例。正如许多问题员工一样，蓓拉对自己的工作职责心知肚明。她所需要的其实就是适当的正确引导，帮助她在自己扮演的各种角色间维持平衡，充分发挥自己的价值。如此一来，不但她个人的工作可以取得巨大成功，整个团队的工作也会受益匪浅。

角色平衡工具表

帮助类似蓓拉这种类型的问题员工的一个有效方法是使用"角色平衡工具表"。"角色平衡工具表"看似简单，却可以帮助管理者和他手下的员工准确了解自己目前在各种正式或者非正式职业角色间纵横捭阖的实际状态。这张工具表是如此清晰明了、简单易行，以至于你可以很容易地在与员工的交流中使用它，帮助自己和员工准确了解当前状况，制定未来目标。以下是杰瑞米在和蓓拉谈话过程中实际使用"角色平衡工具表"的情况：

杰瑞米：蓓拉，你是否觉得自己在单位里正在同时扮演两个角色？

蓓拉：当然，那没什么新鲜的。作为一名项目策划，我同时扮演的角色20个也不止。

杰瑞米：不是这个意思。我是想说，你在项目策划的职务之外，还担当着为单位里所有同事义务服务的角色。

蓓拉：没错，我为此感到自豪！

杰瑞米：我对你的热心很欣赏，并且感谢你为大家所做的一切，但是你是否考虑过如何才能让你在这两种角色之间保持平衡，既为大家效劳，又不耽误自己的本职工作？

（说到这里，杰瑞米拿出了"角色平衡工具表"，开始向蓓拉详细讲解它的使用方法。）

杰瑞米：在自己的各种工作角色中保持平衡，就像图片里的这架天平一样。如果你在某一侧的托盘里放了太多的砝码，天平就无法保持平衡。现在，看着这架天平，你觉得自己在扮演的两个角色中间实现平衡了吗？

角色平衡工具表

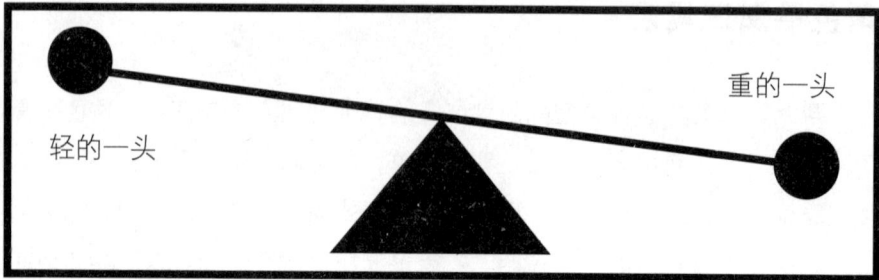

轻的一头

重的一头

蓓拉仔细研究了这张图表，然后说道：

> 蓓拉：真的吗？我一直认为自己在单位最主要的职责就是协助别人取得成功。我自己的工作当然也很有意义，不过我更愿意帮助别人，那能让我感觉到激情，还有自己的价值。
>
> 杰瑞米：谢谢你告诉我这些，蓓拉。情况正如我事先设想的一样。

谈话进行到这里，迎来了它的关键时刻。一方面，如果杰瑞米直截了当地要求蓓拉不要再"多管闲事"，而是要把主要精力投入到自己的本职工作中去，那当然也可以起到一定的效果，但是却会损伤蓓拉的积极性，进而对他们的工作关系造成无可挽回的伤害；另一方面，如果杰瑞米不能抓住时机采取行动，他就有可能错过解决问题的最佳时机。

杰瑞米究竟应该怎么办呢？

避免损害员工的工作热情

当你的员工能够以饱满的热情投入工作的时候，他是一定能够取得成功的。相信很多人都有过这样的经历，当你感觉自己充满热情的时候，你往往就会变得自信无比，浑身都是力量，足以让你应对任何挑战。但是另一方面，这种热情如果不能得到适当的引导，有可能会把人带入歧途，引发工作中的种种问题。比如那些热衷于在公司正常项目之外另辟蹊径的人，那些热衷于工间业余活动的人，那些热衷于对别人的工作指手画脚的人……总之，一切"专扫他人瓦上霜，不扫自己门前雪"的人。这些人其实都是充满热情的人，只可惜，他们的热情用错了地方。

面对这样的员工，你应该如何加以适当的引导呢？你应该如何帮助他们回归正确的轨道，同时又不损害他们的工作热情，帮助他顺利完成自己的工作任务呢？为了达到这个目的，首先你必须在"5C方案"的第2步：交流接触（communicate）中和员工取得共识，肯定他的热情，同时帮助他逐步意识到自己用错地方的热情正在引发问题。正如杰瑞米案例中显示的那样，这是一个很具有难度的任务。不过，如果你能和杰瑞米一样循循善诱，你就一定能够取得最后的成功。这之后，你就可以使用"角色平衡工具表"，引导员工在自己的多种工作角色中寻求平衡。

另一个关键点

现在，最具有挑战性的部分终于来到了。尽管你有义务帮助自己手下的员工完成他们各自的工作，但你必须同时记住，你的首要任务是带领他们实现企业的既定目标。因此在引导员工工作热情的过程中，你不能仅仅局限于迎合员工自身的需要，还要想办法将他们的热情与团队、企业的目标相匹配。以下是杰瑞米和蓓拉就这个问题展开的讨论：

> 杰瑞米：蓓拉，我仔细研究过你在项目策划之外所扮演的另外一个角色。你是否觉得这样可以帮助整个团队建立良好的氛围，使工作完成得更加顺畅？
>
> 蓓拉：是的。这次谈话之后，我会注意控制自己为别人效劳

的时间，但我绝不会完全停止帮助别人。

杰瑞米：我赞赏你的热心，但你是否意识到由于你的无法按时完成工作，整个团队正在遭受巨大的损失。这个问题咱们也必须想办法解决。

蓓拉：真的吗？我还从来没考虑过这个问题。这么一说，或许我应该申请调到人力资源部门去，那里更能发挥我的专长。

话说到这个地步，杰瑞米有 3 种可供选择的应对方式：

1. 对蓓拉的提议置之不理，仍然按照预定方案进行，但这有可能因对方的抵触，最后无果而终。

2. 完全接受蓓拉的建议，放弃自己预先的设想，因为这终归为问题的解决提供了一个备选方案。

3. 对蓓拉的提议表示部分赞同，同时依据自己的预定方案，寻找一个双方都可以接受的解决办法。毕竟蓓拉还是一位相当出色的项目策划，杰瑞米不甘心完全失去她。

考虑到蓓拉的性格特点，以及自己部门和整个公司的利益，杰瑞米采用了第 3 种选择，对蓓拉的提议表示适度赞同，赢得了她的好感，然后继续寻找问题的解决方案。

蓓拉是不是真的可以考虑转行呢？杰瑞米其实也拿不定主意。虽然蓓拉是一位出色的项目策划，但她显然在人力资源方面更具天赋。然而更加显而易见的是，蓓拉根本没有人力资源管理方面的工作经历，杰瑞米也不能确定公司方面是否能够冒这个险，允许蓓拉转行。拿不定主意的杰瑞米决定还是找自己的上级谈谈，探探口气。因为他凭直觉相信，问题的突破口就在这里。

相信自己的直觉

　　有些人可能对所谓"直觉"嗤之以鼻，然而通常情况下，直觉还是管用的。当你感觉面对自己手下的问题员工束手无策的时候，不妨相信自己的直觉。即便事实最终证明，你的直觉是错误的，你也可以由此获得一些新的灵感和思路。人员管理是一项极其复杂的工作，它要求管理者具备一定的创造性思维，能够不拘一格地解决各种问题。很多时候，创造性的灵感会在最意想不到的时间和场所闪现于你的脑际，比如看电影的时候，和朋友约会的时候，甚至睡觉的时候。不论这些想法看起来多么怪异，都可以先试试。你的思路会在尝试的过程中逐渐变得清晰，并且最终找到问题的解决办法。

解决

　　根据杰瑞米的情况汇报，公司高层同意对蓓拉的工作内容进行适当调整。她被允许在不影响当前工作的前提下，在人力资源部门获得一份短期的兼职职位，以便向公司证明她在人力资源管理方面的能力。这将成为她能否调动工作的最终依据。当杰瑞米把这个好消息带给蓓拉的时候，他立刻赢得了蓓拉的衷心赞同：

　　杰瑞米：我已经和公司的大老板谈过了。他们同意给你一份在人力资源部门的兼职职位，前提是你必须同时按时、保质地完成咱们部门安排给你的工作。兼职期结束之后，如果你觉得自己确实更适合从事人力资源工作，你可以接受一些相关的培训，然后同时在两个部门任职。

　　蓓拉：杰瑞米，这简直和做梦一样！对于你所做的一切，我无法用语言表达我的感激之情。

杰瑞米：我必须提醒你，这是一项很艰巨的任务，你必须学会多方兼顾，在自己的各种身份之间保持平衡。你觉得自己可以胜任吗？

蓓拉：我愿意尽自己最大的努力去完成它。那么从今以后，我再为别人效劳，就可以算作是在履行自己人力资源管理人员的职责了？

杰瑞米：是的。与此同时，我们要建立一个有效的责任监督机制，保证你能够真正在两个部门的职责之间保持平衡。我觉得这项工作真的很难，但毕竟一个双赢的解决办法。如果你坚持的话，我愿意帮助你。你准备好了吗？

蓓拉为这个想法激动不已，她迫不及待地开始和杰瑞米一起为未来的工作制定详细的方案。

当你的整个团队需要调整的时候

通过这个案例可以看到，本职工作之外的角色定位往往会造成工作过程中各种问题的出现。而且通常情况下，由于各人天赋、爱好等原因，出现问题的员工往往也不愿意对自己的角色定位做出调整。在这种情况下，作为领导者，你就有必要将自己的眼光拓展到整个团队，甚至整个企业的范围内，认真回答如下 3 个问题：

» 整个企业的成功经营需要哪些职责岗位？

» 这些岗位目前是否存在空缺？

» 哪些人是这些岗位的最适合人选？

如果你的员工自己在本职工作之外所选择的角色定位确实是企业目前所需要的，那就不妨因势利导，给他一个机会发挥特长，实现企业和员工的双赢。"实现双赢"，这说起来很容易，真正做起来却很难。它需要管理者本身具有极高的管理技巧和智慧，还需要耗费很多的时间和精力。为了实现这个目标，你除了需要重新配置人员、制定工作日程表，还需要做很多分内或者分外的工作。

即便员工最终实现了角色转换，你仍然有很多工作要做。你需要帮助员工逐步适应自己的角色转换，在多种职责间寻求平衡。如果员工暂时做得不够好，你也不能失去耐心，还要继续给他机会，提供相应的培训和引导，帮助他取得成功。

结果

杰瑞米最终帮助蓓拉重新确定了自己的角色定位。这种情况比较少见，却是你在面对类似蓓拉的问题员工的时候，比较可行的解决办法。这种方法的诀窍在于在员工的个人意愿与企业的整体利益之间寻求适度的平衡。俗话说得好：千兵易得，良将难求。有热情的良将更加难求。为了挽救这些饱含工作热情的问题员工，在角色定位方面进行一些适当调整还是很有必要的。但是与此同时你必须牢记，无论你准备采取何种行动，都必须首先取得员工的认同和配合。

第8章总结

» "角色平衡工具表"可以帮助员工有效掌握自己在多种角色定位间的平衡状况，并决定是否采取必要的措施进行调整。

» 坦诚的交流可以帮助你准确把握员工对于自身角色定位的理

解，以及他本人的工作意愿。你可以根据企业的实际情况对员工的角色定位进行相应的调整：如果员工的角色定位符合企业的当前利益，就可以对其加以适当的支持和引导，就像杰瑞米对蓓拉所做的那样；如果员工的角色定位不符合企业的当前利益，就要想办法重新把他的热情引导到本职工作上来。

» 无论员工选择了何种角色定位，都必须保证他能够为自己的选择承担责任。这有助于他获得同事的认同，并且能够激励他向着成功的方向不断努力。

缺乏自信

通过前面几章可以看到，很多原因都可能导致问题员工的出现。有些时候是因为对自己的角色定位认知不清，有些时候是因为对自己的言行举止缺乏准确的判断，有些时候仅仅是因为一些负面的情绪。不要小看这些负面情绪，有些时候，它们可能对员工的工作状态产生巨大的影响，使原本万事俱备的工作任务功亏一篑。

正如你在本书第 5 章中已经看到的，某位员工对于其他同事的负面情绪可以将办公室变成充满敌意和怨恨的战场；正如你在本书第 6 章已经看到的，某位员工对于企业经营目标的负面情绪可以影响他本人的工作状态，甚至对整个团队产生连锁反应。众所周知，负面情绪的种类是多种多样的，并且普遍存在于不同人群之中，"缺乏自信"也是其中之一。对于很多管理者来说，最头痛的事情莫过于面对那种缺乏自信的问题员工：他们有能力完成自己的工作，并且可以做得更好，却不相信自己具有这样的能力。作为管理者，当你遇到这样不自信的家伙，又该如何是好呢？

遭遇缺乏自信的家伙

由于自身低调、内敛的个性，不自信者在企业里，特别是那些大企业里，总是处于不起眼的地位。在得到适当引导的前提下，这些天生胆小的员工也可以为企业创造可观的价值。然而如果忽略了对于他们个性特征的关注，这些人就很容易转化为问题员工。

作为管理者，面对这些不自信的家伙，你的最大挑战就在于如何帮助他们建立自信。这是一项很让人头疼的工作，但是真正有能力和经验的管理者都知道，只要措施得当，这些缺乏自信的家伙也可以变成熠熠生辉的明星员工。

案例研究：帮助"马语者"

作为一名有经验和能力的兽医，号称"马语者"的荣格在工作中赢得了同事们的尊重。鉴于荣格的出色表现，他的主管领导伊莲娜决定给他一个更高的职位。不幸的是，伊莲娜的好心办了坏事。上任后的荣格充分暴露了他优柔寡断、胆小怕事、缺乏自信的性格缺陷。上级出于赏识的提拔，却使他遭遇到了自进入职场以来，最严重的事业危机。

问题

作为管理者，适时提拔有能力、工作认真负责的下属是无可厚非的事情。为优秀人才提供更大的发展空间，帮助他们为自己的团队创造更多的价值，也是每个管理者的首要职责之一。但是有些时候，获得提拔的员工对于自己的评价可能并不如领导对他的评价那样高，并且会因此对自己的新职位产生畏惧感，缺乏自信。这就很可能导致类似荣格的案例的出现。

荣格上任之后第一天的表现就让伊莲娜大跌眼镜。虽然明显具备胜任这个职位的能力，荣格的表现却相当不自信，甚至连自己最拿手的与动物沟通交流的独门秘技都发挥失常。这实在有损"马语者"的雅号。对于"马语者"的发挥失常，伊莲娜仅仅将其归结为获得新工作之后紧张，并没有特别在意。她相信，经过一段时间的适应调整，荣格就会重新找到感觉的。

在接下来的一周时间里，伊莲娜要求荣格尽快针对自己的几位下属，其中还包括一位暂时离职休年假的下属，制定新的工作日程表，明确每个人的任务和职责。荣格和伊莲娜都清楚地知道，这是一项很平常的例行工作。为了完成这项任务，荣格必须和自己的每个下属讨价还价，而这却恰恰是他最不擅长的。很快的，伊莲娜不无担心地发现，如果荣格不好好改改自己胆小怕事，害怕和人争执的毛病，他恐怕是很难完成这项任务的。

3 个 A：态度（Attitude），才能（Aptitude），可用的资源（Available resource）

正如安妮在她之前出版的著作中谈到的那样，一位能够真正带领员工走出困境，取得成功的优秀领导者必须同时具备 3 个条件：态度（Attitude），才能（Aptitude），可利用的资源（Available resource）。在英语中，这 3 个词的首字母都是"A"，所以安妮将它们概括简称为"3A"。要想成为一名出色的领导者，你首先必须具有足够的才能（Aptitude）。其次，你还必须拥有各种可利用的资源（Available resource），例如其他部门的支持、外部专家指导等等。这两点还只是作为一名领导者最基本的潜质，更加重要的是，你还必须具备良好的工作态度（Attitude），例如充分的自信、强大的执行力、足够的耐心等等。对于很多人来说，最后一个"A"往往是最难达到的。

有些时候，为了找出某位问题员工心理问题背后的潜在因素，你必须耗费大量的时间和精力（在本书第 10 章，我们将就这个问题展开详细的讨论）。但是有些时候，完成这个任务又很容易，因为他们的问题都是"秃子头上的虱子"，很容易就可以抓住问题背后的蛛丝马迹，例如类似荣格的案例就是如此。以下是我们对一些具备相关工作能力，却因信心缺乏等心理问题造成的问题员工的案例整理：

» 莉拉是一位公关课程培训师，她具备很高的教师天赋和良好的心理素质。即便在讲授 100 人以上的大课的时候，也从没表现出丝毫的怯场，总是能够得到学生和相关领导的高度评价。但是在最近一次教学评议中，她却相继得到了诸如"很一般"、"我觉得没必要向其他同事推荐她这门课程"之类的差评。莉拉的工作没变，能够动用的教学资源没变，课程设置也没变，学生对她的评价却变了，这究竟是怎么回事呢？

» 奈比是一位婚庆策划人。他很敬业，即便是在睡觉的时候都还想着如何能让新人和参加婚礼的家属们皆大欢喜。可是最近，奈比的工作出了些问题。一位主顾对他的工作表示不满，因为在最近一次婚庆策划中，奈比将太多的精力投入到了婚宴的安排，却忽略了新人，以及他们的亲友、家属的需要。

» 在过去的很多年时间里，艾瑞斯一直负责他们部门工作总结的撰写工作，并且总能出色地完成任务，获得大家的好评。艾瑞斯的部门经理因此对她青睐有加，艾瑞斯自己也非常自信，感觉充满了力量。但是最近，当艾瑞斯的领导安排她就本部门的工作情况向董事会中的某位高层领导提交一份工作报告的时候，艾瑞斯却想尽办法，百般推托。这又是怎么回事呢？

有句话说得好：当事者迷，旁观者清。作为直接领导，在面对手下某些问题员工的时候，你往往会忽略他们问题背后显而易见的心理因素，而只是简单地将其归结为懒惰、不负责任、不能准确理解公司意图，或者干脆是对你本人有意见。如果按照这种逻辑，伊莲娜就可以直接得出荣格根本就不想获得提升的结论。这显然是与事实不符的。因此，在得出类似上述的最终结论之前，你必须首先排除自身潜在心理因素对员工工作造成干扰的可能。

心理因素影响工作的情况其实是经常发生的。在某些时候，由于工作环境改变（哪怕是提升）所造成的心理压力和罹患绝症所导致的心理压力是一样强大的。对于很多人来说，获得提升是工作、生活中的一件大事。不论本人的实际能力如何，在获得新职位之后，员工都会或多或少地对自己能否胜任新工作的问题产生怀疑。这也正是为什么在提升手下的某位员工之前，首先要和他深入沟通，扫清心理障碍的根本所在。即便员工本人明确表示自己能够胜任新的工作，这次谈话也仍然是很有必要的。一次坦诚的交流可以帮助员工建立牢固的自信，并让他明确地意识到：作为他的领导，你对他将要取得的成功充满信心。这毫无疑问可以帮助你的员工顺利渡过上任之后最初的适应阶段。

别忘了"5C 方案"

"5C 方案"可以帮助你有效应对任何问题员工，包括那些缺乏自信的家伙。即便你已经能够肯定心理因素是导致手下员工工作异常的根本原因所在，你也很有必要依据"5C 方案"，按部就班地对自己的结论进行检验，寻找相应的解决办法。有些时候，这个过程会很耗费时间；有些时候，这个过程又会极其简便、迅捷。无论如何，认真完成每个环节都是你取得最终胜利的根本保证，正如伊莲娜所做的那样：

1. 决定挽救还是放弃（commit or quit）

当初在做出提升荣格的决定的时候，依琳娜没有想到荣格的心理弱点会造成如此严重的问题。话虽如此，依琳娜对荣格本人的能力还是充满信心的，因此她决定采取行动，挽救荣格。

2. 交流接触（communicate）

这步完成得很顺利，因为没用依琳娜费事，荣格自己就找到了问题的根源所在，并且明确表示，"我恐怕不是当领导的材料。"针对这种消极情绪，依琳娜和荣格进行了耐心交流，最终使荣格相信他其实具备胜任这个职位的基本素质，需要克服的只是一个很小的心理障碍而已。就此，他们达成了共识。

3. 明确目标和角色（clarify goals and roles）

依琳娜和荣格的目标是显而易见的，就是要帮助荣格胜任目前的职位，当一个称职的小领导。

顺利完成以上 3 步之后，依琳娜和荣格就来到了"5C 方案"的第 4 个环节：沟通引导（coach）。在思考如何完成这个环节的过程中，依琳娜回想起了当初对荣格宣布任命消息时他的消极情绪。"如果你觉得我行，我就做做试试，不过我可不敢打保票一定能成功。"面对突如其来的好消息，荣格并没有像依琳娜预想的那样意气风发，相反，他表现得很勉强，很不自信。因此，帮助荣格胜任新职位的最好办法，就是帮助他建立自信，改变对这个职位的消极态度。打定主意之后，依琳娜决定使用"表扬法"帮她的"马语者"好好打打气。

"表扬法"的关键：真诚而不空泛

经过这次谈话之后，伊莲娜决定使用"表扬法"帮助荣格重建自信。在某些情况下，"表扬法"是一种非常有效的激励员工的方法。它可以帮助员工充分认识自己的价值，进而获得自信。"表扬法"的使用通常是以口头形式，在员工做出正确行为的第一时间有的放矢地给予真诚的夸奖。绝对不能泛泛而谈，更不能过度，因为这些都可能降低夸奖的可信性，影响"表扬法"的最终效果。

对于那些刚刚入行的新员工，或者调任新工作的老员工，"表扬法"具有特别明显的效果。有些管理者担心"表扬法"可能会使员工自我感觉良好，进而过度膨胀。然而事实上，适当的表扬是一种非常有效的激励员工的方法。借助它，你可以不断激励员工成长，为他提供战胜困难的勇气和力量，帮助他取得最后的成功。

"表扬法"听起来很简单，但是真正使用起来又很难，问题的关键在于如何有策略、有技巧地进行表扬，真诚而不空泛。为了达到这种效果，你必须做到以下 3 点：

1. 及时发现员工的闪光点

实话实说，作为管理者，你曾经有多少次看到了员工的闪光点，却又对其视而不见呢？又有多少次，你抓住了员工的错处，得理不让人呢？多数人对于这两个问题的回答可能都是"经常"。你可能没有想到，就在你喋喋不休的指责声中一个"条件反射"建立了：员工每次看到你开口，立刻就会为随之而来的暴风骤雨做好准备。这实在是一种很不好的结果，即使你的本意是为了帮助员工进步。

在你的一生中，可能都会有那么一两个人让你难以忘怀。这些人可能是你的邻居，也可能是学生时代的老师，他们对你的优点熟视无睹，却总是不厌其烦地指责你，再指责你。于是不久之后，你就会对这个人产生抵触情绪，他所说的一切在你耳中都等于放屁，即便他的话可能是对的。换位思考，当你抓住员工的错处没完没了的时候，你所扮演的其实也正是这样一个令人厌烦的角色。相反，及时抓住员工的闪光点，并给予真诚而及时的反馈，几乎不会耗费你什么成本，却可以换来巨大的回报：你的员工会用冲天的干劲回应你的每次表扬。你所需要做的就是及时看到员工的成绩，并且明确的让他知道你已经看到了。

2. 有的放矢

在你寻找员工闪光点，对其进行表扬的过程中，必须要有针对性，做到有的放矢，不能让表扬流于空泛。好话虽然人人爱听，但是过于空泛的好话就会让人觉得不真诚，进而产生厌烦。除此之外，有针对性，不空泛的表扬还可以起到明确的指向作用，为员工的继续进步指明方向，提供前进的动力。

当你的员工在工作中成功超越了自己的极限的时候，当你的员工取得了巨大成绩的时候，你就不应当吝惜自己的表扬。但是你必须牢记，"表扬法"的每次使用都必须是经过认真策划，有针对性和目的性的。类似"嗨，杰克，我发现你在这次会议上第一次坚持了自己的立场，这很好！"的表扬就是如此。这样的表扬可以让接受者印象深刻，并在以后的工作生活中继续保持自己的正确行为。

3. 精确，客观，注重事实

在你使用"表扬法"的过程中，一定要注意表扬的客观性（上面提到的杰克的例子就是一个很好的示范）。这听起来很简单，其实并非如此。孔子说得好：过犹不及。有时候，表扬者经常会忘记"度"的把握，让客观的表扬沦落为过度的奉承，起到画蛇添足的作用。具体来说，表扬与奉承的区别主要有 3 点：

> » 首先，奉承是空泛的，表扬是精确的；
> » 其次，奉承带有过多的情感性、主观性，表扬则主要是讲出说
>   话者看到的事实；
> » 最后，奉承是空泛而没有节制的，表扬则以事实为依据。

为了让读者对奉承和表扬的区别有一个感性的认识，以下是两种说话方式的具体举例：

奉承 vs 表扬	
这份报告好极了！	我知道你已经为这份报告花费了太多时间，它很详细具体，比你以前提交的报告都好。
今天会上干得不错！	我很欣赏你今天在会上的发言，它们为我准备下周的记者招待会提供了明确的思路。
大家很喜欢你今天的讲解！	我觉得你今天的讲解很详细，口才也很好。
你为团队做出了贡献！	你的工作帮助大家及时完成了预定的任务。
你干得太棒了，简直不可想象！	这个月你的工作成功实现了预定的目标。

正如你所看到的，虽然表扬是客观而有节制的，它却比空泛的奉承更加具有针对性和感染力。奉承不需要动脑子，它是空泛的，可以被用在任何人身上；表扬则是具体的，具有指向性的，是为你的表扬对象"量身定做"的。

让你的表扬饱含真诚

虽然我们反复强调表扬必须是客观的，但这并非意味着你传达表扬的方式必须是干巴巴的，不带任何感情色彩，就像播新闻一样。事实上，在很多时候，说话的方式决定了说话的最终效果。再精心设计的溢美之词，如果用一种漠不关心的方式、语气传达给对方，也很难取得预期的激励作用。记住，"表扬法"能够取得效果的最根本一点就是让人觉得你的表扬是真诚的。在挽救问题员工的过程中，为了达到这个效果，你必须遵循以下几点：

» 首先，准确抓住问题员工工作中的闪光点；

» 其次，使用"表扬自省工具表"作为你使用"表扬法"的基本规范，借助这张工具表，你可以保证自己的表扬不会沦落为空泛的奉承；

» 最后，经常对你的员工使用"表扬法"。所谓熟能生巧，你实际使用的次数越多，也就会越熟练，越能掌握其中的奥秘。

话说回来，当你向员工采用"表扬法"之后，又该如何判断你的表扬已经准确传达给对方了呢？方法很简单，就是观察对方的反应。如果他频频点头，并且回应一些诸如"谢谢"、"没什么"之类的客气话语，就说明对方已经明确感知到你的善意了。如果他只是茫然地看着你，脸上挂着礼节性的微笑，那么很显然，你还得再加把劲，帮助对方理解你的意思。

表扬自省工具表	
（以下所有问题的回答都必须精确，有具体事实）	
我发现了员工的哪些闪光点？	
他的行为和以前相比，有什么进步？	
他的行为产生了什么积极意义？	
我应该在什么时候（除了现在）对他进行表扬，帮他了解自己的进步？	（"表扬法"几乎适用于任何时间、场所，如果目前确实存在不能使用"表扬法"的客观原因，请在这里填写相关理由）

"表扬自省工具表"可以帮助你在使用"表扬法"之前理清思路，取得预期的效果。在填写表格的过程中，首先需要仔细阅读表格左侧的问题，然后在右侧的空白处认真填写自己的回答。需要说明的是，"表扬法"是一种非常具有普适性的方法，它几乎适用于任何时间、任何场所、任何对象。好话人人爱听，即便面对那些没有问题的"正常员工"，你也不应该吝惜自己的溢美之词。几句表扬并不耗费任何成本，却可以为你和你的团队带来丰厚的回报。当然，在某些特定环境中，可能确实存在不适合使用"表扬法"的情况。表格的最后一个问题就是针对这种情况专门设定的。

当你最初使用"表扬法"的时候，员工可能会因为暂时不适应，出现一些令人啼笑皆非的反应。比如有的员工可能就会琢磨："为什么头儿突然对我这么好？"有些时候，员工的不适应是通过口头直接表达出来的；有些时候，则是通过茫然的眼神、困惑的皱眉等表情间接传达。即便遇到这种情况，你也不应该放弃自己的努力，继续坚持下去，直到员工感受到你的真诚善意，并且从中受到鼓舞。到那时候，你就会发现，自己所付出的一切都是值得的。需要再次提醒的是，你在使用"表扬法"的时候一定要精确，要切中肯綮，让员工明确地知道自己取得的进步究竟是在什么地方。只有这样，他才能在未来的努力中获得明确的方向感，不断强化已经取得的成绩。

解决

接下来的一周时间里，伊莲娜不断使用"表扬法"帮助荣格加强处理各种人际关系的信心。之所以选定人际关系领域作为突破口，是因为这恰恰是荣格的"短板"。相比之下，"马语"能力作为荣格的强项，就没必要使用"表扬法"继续强化了。有钢必须用在刀刃上。以下是伊莲娜使用"表扬法"的具体举例。仔细体味它们，你就能够明白什么是空泛的奉承，什么是真诚的表扬。

» 当荣格成功处理了一位顾客的咨询之后，伊莲娜这样说道："我注意到你在和克拉克太太谈话的过程中不再回避和对方的眼神交流了。很好，这能让顾客觉得你很重视她的问题，增强她对你的信赖感。"

» 当荣格成功处理了莫斯先生（荣格的直接下级）的工作纠纷之后，伊莲娜衷心表扬他道："你处理问题时的态度很好，冷静又自信，这帮助急躁的莫斯很快平静了下来。"

» 当新官上任的荣格准备为下属召开第一次工作例会的时候，伊莲娜这样评价荣格提交的会议计划："这份会议计划清楚又简洁。看得出来，你是很花了一番心思的。"

» 在伊莲娜的不断鼓励之下，荣格总算大致完成了那张要命的工作进度表。虽然这份计划还有许多需要完善的地方，伊莲娜还是这样对荣格说道："万事开头难，没关系，慢慢来做。作为领导，你不可能让每个下属都满意，有点抱怨是正常的，用不着觉得不好意思。耐心地和他们做工作，你现在就比以前做得好多了，继续保持下去。"

» 这之后，荣格终于取得了所有下属的支持，彻底完成了那张工作进度表，为大家接下来半年的工作指明了方向。大功告成的荣格如释重负，伊莲娜这样评价荣格的工作："你通过各种方法帮助大家理解了你的意图，大家终于取得了共识，团队的凝聚力也加强了。

结果

在每次使用"表扬法"的时候，伊莲娜都能够清楚地意识到，荣格仍然对他的新职位惴惴不安。她知道荣格还需要更多的时间去适应自己的身份转换，她也知道，自己的任务就是竭尽所能帮助荣格度过这个危险期。

最终，伊莲娜欣慰地看到，荣格顺利完成了身份转换，重新找回了自信。

帮助员工重拾自信，需要你进行耐心、细致的工作，耗费大量的时间和精力。尽管你已经很忙，尽管你可能已经因为日复一日的纷繁琐事焦头烂额，我们还是建议你拿出一些时间，关注手下员工们的那些闪光之处，及时给予他们赞扬和鼓励。"表扬法"看似简单，真正掌握却很难，你需要抓住机会，尽可能多地实践，体会其中的奥妙，让表扬成为你的一种习惯，使你的员工始终感受到来自领导的关怀和鼓励，增加他们前进的动力。有句话说得好：送人玫瑰，手有余香。你的付出终将获得丰厚的回报。

第 9 章总结

» 缺乏自信或者对自我形象的认知错误可能造成问题员工的出现，"表扬法"是处理这一问题比较理想的手段。

» "表扬法"是一种以客观事实为依据，精确、客观、有的放矢地增强员工自信，提高工作积极性的方法。

» 注意区分奉承和表扬。奉承往往是空泛而缺乏诚意的，并不能够真正起到鼓舞员工的作用。

» "表扬自省工具表"可以帮助你在正式采取行动前理清思路，在填写这章表格的过程中，你必须做到以下几点：

1. 准确找到员工的闪光点。

2. 确定表扬的针对方向，也就是你具体希望在哪个方面给员工以激励、引导，帮助他继续进步。

3. 精确，客观，注重事实。

4. 及时进行表扬，最好是在正确行为出现的第一时间。

制造流言

　　在上一章中，你已经充分领略了"表扬自省工具表"，以及"表扬法"在帮助员工重拾自信过程中的重要作用。其实在很多时候，对于多数员工来说，自信并不是问题。例如本书第 5 章中提到的鲁比，就是一个极端自信，甚至有点自我感觉过分良好的例子。她的真正问题其实在于对待其他同事的错误态度，这种错误态度又导致了工作中一系列问题的发生，最终影响了她本人以及整个团队的工作。

　　在这种情况下，最有效的解决办法还是启发式的沟通引导。虽然你无法直接控制员工的思想，却可以通过策略性地提问调动他进行思考，最终达到预期的目的。这种方法不仅可以被用来解决员工的思想问题，还可以直接干预员工的言谈举止。当你的员工需要纠正工作中的某些不当言行的时候，启发式的提问同样可以起到良好的效果。

遭遇"流言制造者"

　　"流言制造者"是一个很有意思的群体。在单调乏味的日常工作中，被尊称为"路边社"的他们日复一日地为大家提供着各种可供消遣的八卦新闻，因而受到许多人的欢迎和关注。对于整个团队来说，流言的危害说大就大，说小就小。一方面，流言大多是不起眼的，有时候，流言的主角甚至根本不会知道自己成了大家品评谈论的话题；另一方面，不起眼的流言的危害又是巨大的。各种各样的流言仿佛流感病毒在你的团队中扩散传播，虽然传播的速度可能很慢，却可以在不知不觉间损害着团队的凝聚力。

案例研究：高管克星——马克斯

马克斯不仅制造流言拿手，还善于播撒仇恨的种子。他不但爱好传播各种无聊闲话，还喜欢利用闲话在同事间挑拨是非。马克斯最拿手的是为公司的高管们（ceo，cfo 等等）"量身定做"各种轶闻趣事，以损害他们在员工中的威信为乐。用他自己的话说，就是"让大家知道知道他们都是什么东西"。

问题

朱利亚是马克斯的直接领导，他们共同供职于一家网络公司。朱利亚注意马克斯拿高层领导开涮的行为已经很久了。因为这个原因，同事们都在有意无意地回避马克斯，害怕引火烧身。或许是习惯使然，马克斯总能在各种不同内容和场合的谈话中不失时机地插入对领导们的品头论足：

» 咱们 CFO 的新房子实在太高了，到底谁帮他设计的？
» 我估摸着咱们 CMO 一定觉得自己领那么一大笔薪水是理所应当的。
» COO 那几个孩子算是彻底废了。你知道吗，就在上个礼拜，她刚去警察局把她那小儿子保释出来。

对于这些针对高层领导的流言蜚语，朱利亚给予了额外的关注。因为从心理学的角度来说，这暗示了马克斯对现任领导们的不满，以及取而代之的野心。忘记告诉大家了，和朱利亚一样，马克斯在公司的地位很高，离"C 行列"只差一步之遥。很显然，他有点等不得了。急于登上高位的马克思已经走得太远，渐渐偏离了正常的轨道。

出于一贯的责任心和对马克思个人的好感，为了验证自己判断的准确性，朱利亚在采取行动之前，特意找到另外一位同事——皮特咨询意见。事实证明，朱利亚的判断是准确的。作为"流言制造者"的马克斯已经成了公司里的一大"公害"，大家都在躲着他，没有人愿意接近他。很显然，马克斯的问题已经到了不得不解决的地步了。

流言为什么会造成危害

很多管理者在关注团队内部各种各样的流言蜚语的同时，往往又会怀疑自己是否反应过度了。毕竟，表面上看起来，流言似乎只是一种近乎无害的消遣方式。它们真的值得认真对待吗？答案是肯定的。无休无止的流言貌似不起眼，却会从根底上损害团队中的互信、士气、威信等等一切团队赖以自存的重要纽带，最终导致团队工作的彻底失败。

这听起来似乎有些危言耸听。不相信的话，你可以做这样的假设：

杰克和吉尔两个人共同完成一项工作。如果杰克一直在吉尔背后说坏话、搞小动作的话，你觉得吉尔会老老实实地听之任之吗？显然不会。事情的最终结果，要么是其中一方被打败，无法完成工作；要么是两个人两败俱伤，大家都没法完成工作。总之，无论结果如何，工作都无法顺利完成，遭受损失的是整个团队。

有些时候，流言的影响并不仅仅限于少数的几个人。某条流言一旦泛滥成势，成为公司里尽人皆知的"秘密"，要想平息它，经常需要上上下下齐动手，耗费大量的时间和财力。特别是当这些流言涉及兼并、破产、裁员等重大问题的时候，它们造成的影响和损失经常是难以估量的。

通常情况下，人必须对自己所处的环境充分了解，然后才会有安全感，才会踏实工作。流言的泛滥往往意味着信息不透明所造成的不安全感。这个时候，你最需要做的就是让所有人了解事实真相，用事实说话，流言也就不攻自破了。有句格言说得好：流言止于智者。

听取有益的建议

皮特的分析让朱利亚犹如醍醐灌顶。现在，她坚定不移地相信马克斯的问题必须解决，而且要快，要赶在造成更大影响之前。朱利亚现在需要回答的问题是究竟应该从何处入手，解决这个问题。拿不定主意的她，决定再听听自己另外一位"高参"——弗瑞德的意见。

弗雷德建议朱利亚尝试使用一下他们在很多年以前的一次企业高级管理人员培训中曾经接触过的"启发提问法"。这种方法能够通过循循善诱的方式，帮助员工获得超越，改善他们的日常工作。"我还记得那次培训，"朱利亚恍然大悟地说道，"不过具体到类似马克斯这样好传闲话的家伙，我应该怎么使用'启发提问法'呢？"弗雷德仔细想了想，回答说："你必须让马克斯明白，他的所作所为正在损害他的形象，这无益于他向'C行列'的迈进。对付这种类型的人，最好的办法就是投其所好，让他意识到自己的言行和自己的最终利益息息相关。"

对我来说意味着什么

从某种意义上来说，人都是"自私的动物"，问题员工当然也是如此。与我们通常的感觉相反，员工的许多问题行为，在根底上，其实大多是为了追求和保护个人私利，尽管很多时候他们的所作所为其实是在损害切身利益。如果能够帮助他们意识到这一点，让他们明白自己的言行究竟会为自己带来什么样的利害得失，很多问题自然也就迎刃而解了。

工作生活中经常会遇到这样的情况。你发现了某位同事或者朋友的不当之处，并且发出善意的提醒，却遭到对方的误解和抵制。因为在对方看来，自己的所作所为都是为了维护自己的切身利益，是天经地义的，你的所谓"善意"却可能对他的利益造成损害。于是，"公说公有理，婆说婆有理"的尴尬局面往往无法避免。在这种情况下，你不妨换位思考，真正站在对方的立场考虑问题。从对方的切身利益出发，投其所好，通过启发、诱导，帮助他逐步意识到自己的某些言行正在损害自己的利益。如此一来，往往可以起到事半功倍的效果。

为什么使用"启发提问法"

打定主意准备使用"启发提问法"之后，朱利亚东翻西找，终于找到了当年的培训笔记。通过重新学习，朱利亚逐渐意识到，在解决员工的思想心态问题方面，"启发提问法"具有其它方法无可比拟的优势。当你手下员工问题行为的发生是由于工作能力的缺乏的时候，你可以为他提供相关的技能培训；当你手下员工问题行为的发生是由于缺少必要的工作资源的时候，你可以为他提供各种的资源支持；当你手下员工问题行为的发生是由于思想心态存在障碍的时候，最好的解决方案就是使用"启发提问法"。为什么呢？因为技术培训和资源支持都只能解决一些外部问题，思想心态障碍的根源则存在于人们的内心。对于它们，这两种方法几乎无能为力，

"启发提问法"则是专门针对这些内在问题"量身打造"的。

使用"启发提问法"的关键在于设计一系列环环相扣的启发性问题，逐步引导员工获得思想心态的突破。需要注意的是，在使用"启发提问法"的过程中，没有所谓"最好"的问题，只有针对启发对象最合适的问题。换句话来说，问题的设计必须依据具体对象视情况而定，不能循规蹈矩，搞教条主义。判断"启发提问法"是否达到预期效果的唯一标准是看员工在这个过程之后能否获得认识的提高，并且落实到实际行动中去。在这里，"认识"和"行动"是紧密相连，缺一不可的。缺少两者中的任何一项，都不能判定"启发提问法"已经取得了预期的效果，都说明你的工作还没有做到家，还需要继续努力。

如何设计启发性问题

使用"启发提问法"的关键就在于设计能够帮助员工提高认识，引发实际行动的启发性问题，也就是设计那些能够让员工自发突破思想心理障碍，采取相应行动的问题。作为管理者，你其实每天都在向手下的员工提出各种问题，这些问题大多却并非是具有启发性的。

为什么启发性的问题能够获得上述效果呢？一般情况下，启发性问题往往具有3方面的特征：开放性、零命令性、简明扼要。

1.启发性问题必须是开放性的

通常来说，具有强烈指向意味的问题大多是具有封闭性的，它们强迫人们在"是"和"不是"的二元对立中做出非此即彼的选择，容不得半点含糊。启发性问题却并非如此。启发性问题经常以"怎样"、"什么"等疑问词作为句子的中心词语，它鼓励人们继续在提问的基础上进行更深一步的发问和讨论。这也就意味着在挽救问题员工的过程中，员工本人可以不受限制地参与到整个过程中来，充分发挥自身的积极性，发现问题，解决问题。需要注意的是，存在思想心理问题的员工对于那些"霸道"的封闭性问题往往是具有很强抵触情绪的，管理者的善意经常会因此事与愿违。你可以设想一下，如果朱利亚以下面的方式帮助马克斯解决问题，结果会怎样：

朱利亚：马克斯，你是不是有传闲话的爱好？（封闭性问题）

马克斯：你觉得是就是吧。

朱利亚：你不觉得这很有问题吗？（封闭性问题）

马克斯：我不这么认为。

朱利亚：好吧，你知道自己为什么会这样吗？（封闭性问题而且隐含有价值判断）

马克斯：谁知道呢？

朱利亚：为了大家的利益，改改，怎么样？（表面上是提问，实际却是命令）

马克斯：没问题，朱利亚，你让我怎么样都行。（问题看似解决了，其实却没有）

在这个假设的案例中，朱利亚提出的问题除了足够简洁明了之外，完全不具备启发性问题的另外两项基本素质——开放性和零命令性，因而必然遭到马克斯的抵制，无法调动他的积极性。可以肯定地说，这次谈话之后用不了几天，马克斯就会把自己的许诺忘得一干二净，继续制造出一打又一打的流言。为了打破这个僵局，我们有必要对这些问题进行适当调整，让它们从封闭性的变成开放性的。以下是封闭性和开放性两种不同形式问题的对比举例，希望你能够从中体味到开放性问题的奥妙所在：

封闭性 vs 开放性	
你看到这对咱们团队造成的伤害了吗？	你觉得这会对咱们的团队产生什么影响？
你能不能别传闲话？	你觉得为了改变自己的行为，你需要什么帮助？
你凭什么传她的闲话？	这条流言究竟是因何而起的呢？

还要额外强调一下，所谓开放性的问题，一定不能包含具有明显价值指向性的成分，特别是绝对不能含有指责的成分在内。例如"你到底什么毛病？"，这个问题虽然含有"什么"的疑问词，却绝对不能算是开放性的问题。

2. 启发性问题必须是零命令性的

如果你想真正有效地使用"启发提问法"帮助员工，就一定要回避类似这样的提问方式："你是否这样考虑过？你为什么不试试这个？你为什么不能这样做？"这些问题表面上带有疑问的口气，实际却是以提问题的方式向对方传达命令，具有很强的强迫性。

坦率地说，作为管理者，向手下的员工发布命令、提出建议是无可厚非的。在某种意义上，管理者之所以能够成为管理者，获得那样的职位，恰恰是因为他们拥有远高于其他人的发布命令、提出建议的能力，因为他们的命令和建议能够帮助员工完成自己的工作任务。然而做任何事情都要讲究一点艺术性，员工管理也是如此。一位出色的管理者绝对不会使用简单粗暴的方式发布自己的命令，而是循循善诱。例如下面这些例子：

> » 是不是可以换个思路考虑这个问题呢？
> » 问题的潜在原因究竟是什么？

» 你觉得这样做怎么样？

下面是命令性和"零命令性"两种不同形式问题的对比举例，仔细体会其中的差别：

命令性 VS 零命令性	
你不能不传闲话吗？	你觉得如果你可以尝试着不传闲话，会有什么样的结果？
你就不能改改吗？	你如果可以改变一下自己的行为方式，情况会如何呢？
你如果继续这样还可能成功吗？	你觉得怎样做才能取得成功？

3. 启发性问题必须是简洁明了的

如果你的提问是将几个要点相互纠结，并且用一种繁冗的语言方式传达给对方，就很可能造成对方片面的理解，甚至误解。简洁明了的提问方式可以有效规避这种风险，也可以降低你组织问题的工作难度。基于这个原因，每个问题最好只包含一个要点，而且字数也不要太多。以下是繁冗的提问与简洁的提问，两种不同方式的对比举例：

繁冗的 VS 简洁的	
你觉得自己传闲话的行为会对大家造成什么影响，怎样才能纠正这种行为？	为了逐步纠正传闲话的毛病，第一步应该做什么？

繁冗的 VS 简洁的	
你认为自己传闲话的行为会对你个人的形象造成什么影响；如果情况继续下去，两年之后，你在团队中的口碑又会怎样？	在未来的两年中，你想为自己树立一个什么形象？
你为什么爱传闲话，它背后的原因究竟是什么，你在近期内准备如何改正这个问题？谈谈你自己的看法。	你传闲话的真正目的是为了什么呢？

针对问题员工的启发性提问

真正具有启发性的问题在被设计出来之后，它的特征应该是开放性的、零命令性的、简明扼要的。启发性问题设计的成功与否，对于你手下的员工，特别是那些问题员工，至关重要。

对于那些并不存在问题行为的"正常员工"，启发性提问的关键在于具有启示性和前瞻性，要对他们未来的工作发展提供借鉴。但是对于那些存在问题行为，需要切实帮助的员工，提问的前瞻性却是可以暂时放在一边的。因为对于他们来说，解决当下面对的问题才是重中之重，你的所有工作也都必须围绕这个当下问题展开。只有真正解决了眼前的问题，才谈得到未来的工作发展，否则一切都只能是痴人说梦而已。

如果你对方面问题特别感兴趣，还可以参考安妮的第一本专著《管理者的"向导"角色》（美国企业管理协会 2008 年出版）。

解决

一番精心准备之后，朱利亚为马克斯量身定做了一次谈话。马克斯需要面对的情况很复杂，不可能奢望经过一次谈话就完全解决问题。因此，朱利亚很理性的为这次会谈设定了目标：初步帮助马克斯意识到问题的存在。以下是他们的谈话记录：

朱利亚：马克斯，我要说的事可能和咱们的工作无关。不过，如果我说的不对的话，你就当个笑话听，好吗？你最近在公司里散布那些流言究竟是为了什么？

马克斯：偶尔传传闲话算不了什么，只是为了放松一下，让大家都乐和乐和。大伙都这么干。这也算不上什么了不起的事情。

朱利亚：对你来说可能确实算不了什么。不过我这可已经接到3个人对你传闲话的投诉了，其中还包括一位大头头。

马克斯：3个人？真的？怎么会这样？我其实也没说什么，这些人肯定反应过度了。

朱利亚：我一开始也这么认为，所以在找你谈话之前，我还特意观察了一段时间，以免冤枉好人。据我观察，这周一例会的时候你就和别人传了3次闲话，今天开会的时候又传了两次。我都把它们记下来了，你看看。

马克斯：（认真看朱利亚的记录）你是对的，我确实说过这些话，不过我自己都快把这事忘了，而且我觉得也不会有人把这些话当真的。

朱利亚：很遗憾，事实证明，确实有人当真了。传点闲话确实不算什么，可是它们现在确实已经对你造成了不好的影响。你不觉得自己最近的言行可能有些不妥当的地方吗？

马克斯：我想，是的。

马克斯对朱利亚最近以来一直暗中关注自己的言行感到很震惊，不过"倾听"和"观察"确实是作为管理者应该具备的基本能力之一。有句话说得好：没有调查研究就没有发言权。作为管理者，在开口向员工提出任何建议、要求之前，你必须事先进行充分的准备，认真关注员工的一言一行，做到言之有物。打个比方来说，如果和员工举行一次谈话需要投入的时间、精力是 100%，那你最起码应该拿出其中的 80% 用来倾听、观察，20% 用来提出自己的看法。即便在提出自己的要求、建议之后，你也应该把更多的发言权留给员工。因为你的最终目的是要调动员工的思想，自己发现问题，解决问题。你自己说得太多，势必挤占员工的思考空间，使谈话无法达到预期的效果。

在和马克斯进行第一次谈话之前，朱利亚设定的目标是要帮助马克斯初步认识到问题的存在。对于很多问题员工来说，要做到这点很难。作为管理者，你也没有现成的经验可供借鉴。最好的办法就是倾听、倾听、再倾听，观察、观察、再观察，充分了解员工思想心理之后，有针对性地提出具有开放性、零命令性、简明扼要的启发性问题，帮助员工认识自己，认识周围的环境，认识到问题的存在。无论遇到什么困难，你都不能放弃努力，因为这是挽救问题员工的关键所在。

完成了这一步，接下来的工作是要帮助员工认清自己言行造成的影响。很多问题员工通常都会存在"自我中心"的倾向，往往难以正确评判周围人对于自己的看法。一旦他们在你的帮助下，获得了对周围环境的正确认识，往往（有时候也会有例外情况出现，这就需要你做出更多的努力）就很容易产生改变自己的冲动。工作进行到这里，基本完成了全部的 50%，剩下的任务就轻松多了。

不过，怎样才能帮助员工认清自己言行对周围环境造成的影响呢？比较有效的方法是单刀直入地向员工提问："你觉得自己的言行会对大家造成什么样的影响？"类似这样的提问方式为员工的独立思考预留了比较充足的空间，可以让他静下心来，客观评价自己近期以来的言行举止。需要特别提醒的是，你的最终目的是启发员工思考应该怎么做，而不是直接告诉他答案。在这个过程中，你必须有足够的耐心和信心，相信员工一定可以依靠自己"突出重围"。下面朱利亚和马克斯的谈话记录就显示了这样的一个过程：

> 朱利亚：马克斯，上次谈话咱们已经意识到你最近的某些言行确实存在不妥之处。这次，咱们可以再深入地想想，你觉得自己传的这些闲话会对当事人本人产生什么影响？
>
> 马克斯：我做的确实不地道。他们即使不发疯，也会觉得很不爽，会因此不再信任我。
>
> 朱利亚：如果让你和一个自己不信任的人一起工作，你觉得会怎么样？
>
> 马克斯：这个人会受到大家的反感和排斥，整个团队的凝聚力会遭受损失，工作很可能无法正常开展。
>
> 朱利亚：上次谈话你说传闲话就是为了乐和乐和，没有什么大的损害。这次又说会损害团队的凝聚力，应先工作。传闲话到底有没有损害呢？
>
> 马克斯：有一点吧？不多。

谈话进行到这里，马克斯已经初步意识到问题的存在，并且认识到自己的不当言行正在对他本人和整个团队产生消极的影响。工作做到了这个火候，就可以更进一步，深挖他不当言行背后的深层动机了。跃跃欲试的朱利亚正准备趁热打铁，马克斯却突然旧病复发，和她侃起了关于公司CEO低俗穿衣品味的话题。

感觉自己刚才是在对牛弹琴的朱利亚真想大喊一声："我刚才说的话你就一点没听进去吗？！"幸好，朱利亚及时意识到这不符合"启发提问法"的规范。失望至极的她喝了杯水，调整了一下情绪，继续回到原先的思路上，对马克斯循循善诱：

朱利亚：马克斯，传闲话究竟对你有什么好处？

马克斯：什么？你是什么意思？

朱利亚：就拿你刚才说的咱们 CEO 穿衣服这件事来说吧。你明明已经认识到传别人的闲话是个不好的习惯，却又明知故犯。每个人做事都得有一定的理由吧，你这么做究竟是为了什么？

马克斯：朱利亚，我只是觉得不痛快，想发泄一下。

朱利亚：但是有很多种方法都可以发泄自己的负面情绪，为什么一定要选这种呢？

马克斯：或许我有点嫉妒 CEO 吧。

朱利亚：为什么嫉妒呢？

马克斯：她挣的薪水比我多 10 倍，给自己买的衣服却那么垃圾。如果把这些钱给我，我一定可以把它们花得物超所值。

朱利亚：所以你就故意贬低她？

马克斯：这不是我的本意。

朱利亚：可是你确实就这么做了。究竟是为什么呢？回去仔细想想，不用着急，咱们可以改日再谈。

第二天午饭的时候，朱利亚和马克斯正好在公司的食堂碰见了。朱利亚决定趁热打铁，借这个机会再和马克斯深入地谈谈。不过这次，朱利亚准备换个角度提出问题。大家可能都有这样的经历，有时候你和某个人就某个问题翻来覆去地争执，谁也无法说服谁，最终陷入"鸡生蛋，蛋生鸡"的怪圈。应对这种情况，最好的办法就是换个角度看待问题，从一个更高的层面跳出怪圈。如此一来，往往可使获得意想不到的突破。在和马克斯这次意外的碰面中，朱利亚就是这样做的：

朱利亚：你想明白自己究竟是为了什么传闲话了吗？

马克斯：我仔细考虑了你的问题。我可能确实比较羡慕甚至嫉妒公司高层几位头头们的高薪，所以我传闲话诋毁他们，为自己寻找心理平衡。

朱利亚：马克斯，谢谢你的坦率！能做到这点很不容易。那么你是否想过，自己当初究竟是为了什么来到这家公司的吗？

马克斯：什么？这个问题和传闲话有什么关系？

朱利亚：我只是有点好奇，当初是什么吸引你来这家公司的？

马克斯：我喜欢在一个充满朝气的团队里工作，用自己的才智为互联网世界带来改变。

朱利亚：可是就像咱们昨天曾经谈到的，传闲话的行为会极大损害团队成员间的互信，降低团队的凝聚力。现在你怎么看待自己的言行对整个团队的影响？

马克斯：问题似乎很严重！我这样做不但伤害了团队，也伤害了我自己的梦想。以前我真的没想过这点。

朱利亚：问题确实很严重，如果不加干预的话，还会变得更加严重。你可以自己观察一下周围同事的反应。给你一周时间观察、思考，咱们下周再谈。

一周之后，马克斯来到朱利亚的办公室，开始了下面的谈话：

朱利亚：你的作业完成得怎么样？

马克斯：感觉确实不太好。通过一周的观察，我发现你是对的。每当我传闲话的时候，大家都有意无意地躲着我。一开始我不明白这是怎么回事，后来还是一位最要好的同事悄悄告诉我，大家其实并不反感和我一起工作，只是不能接受我随意贬低别人的行为。这位同事还告诉我说，我的言行正在损害我自己的形象，也影响了大家的工作情绪。真遗憾，以前从没有人对我说过这些。

朱利亚：很好，那么你准备怎样做？

马克斯：我不希望被大家当作一个背后嚼舌头的小人，我愿意做任何事情改正自己的错误。

朱利亚：我能帮你做些什么？

马克斯：我还不知道，我需要时间再仔细想想。

朱利亚：没问题，过几天咱们再聊。

几天之后，朱利亚的办公室……

朱利亚：咱们上次谈话的时候，你说过要做些事情改正自己的错误。你想好应该做些什么了吗？

马克斯：我认真想过了，可还没想出什么办法。或许我还再需要点时间？

朱利亚：你觉得什么是你最重要的事情？

请注意朱利亚说的这句话。由于马克斯没能就目前的情况找出相应的解决方案，谈话陷入僵局。朱利亚决定再次转换话题，寻找新的突破口。在和马克斯交流的过程中，朱利亚始终把握着谈话的主动权。

马克斯：你是什么意思？什么是我最重要的事情？这好像跟咱们现在谈的问题没有关系。

朱利亚：我是认真的，马克斯，我希望更深入地了解。告诉我，你觉得自己生命里最重要的事情是什么？

马克斯：我的小女儿们，她们的幸福成长是最重要的。

朱利亚：那么如果你的女儿们也在家里传各种与你有关的闲话，就像你在公司做的一样，你会怎么想？

马克斯：我会很伤心。

朱利亚：那么你会做些什么制止这种行为呢？你可以再仔细想想，明天咱们再谈。

有些时候，问题员工可能发自内心地希望解决问题，却不知道应该从何入手。这时候，就是你作为管理者应该发挥作用的时候了。你的职责就是想尽一切办法，动用所有可以利用的资源，帮助他找到解决问题的方案，重新回到正确的轨道上来。

第二天，马克斯主动来到朱利亚的办公室，不过他的回答却让朱利亚感觉有点失望。

马克斯：现在方便吗？

朱利亚：没问题。

马克斯：我仔细考虑了你的问题。如果我的女儿们也传我的闲话，我会把这种行为视作对我的不敬。

朱利亚：你对公司的头头们做了同样的事情，出于嫉妒，你诋毁他们，希望他们倒霉。

马克斯：这听起来似乎有点言重了。

朱利亚：不是这样吗？

马克斯：我只是觉得有点不爽，拿他们开开心，没有不敬的意思，这绝对不是我的本意。

朱利亚：马克斯，说来说去，咱们又绕回来了。上回咱们不是说得挺好吗，你的任务是找到解决问题的办法。

鸵鸟策略

如果用一个词形容马克斯现在的心态，"鸵鸟策略"可能是比较合适的。有些时候，我们出于种种目的，可能会对显而易见的事实视而不见，因为直面现实会让我们觉得不舒服。于是，我们像遇到危险就把脑袋埋在沙子里的鸵鸟一样，自欺欺人。这种情况其实很常见，例如你所领导的部门明明都已经裁员超过 50% 了，你却还在例会上大谈特谈保持员工工作积极性的问题；还有，你所策划的项目明明已经遭受了严重的损失，被证明是不可行的，你却还在公司董事会上憧憬展望着项目的二期规划。

通过这些"鸵鸟策略"的实例你就可以明白，有时候直面现实很不容易。一旦人们开始面对现实，问题的解决也就会变得势如破竹。因此在使用"启发提问法"的过程中，"帮助员工准确认识现实"是一个相当重要的环节。这里所说的"帮助员工准确认识现实"并非意味着你必须单刀直入，直接告诉员工你所看到的一些。使用一定的技巧和策略，引导员工自己找到答案，才是"启发提问法"的真谛。不过，任何方法的使用都必须灵活，根据实际情况进行相应的调整。当局面陷入僵局，就差一层窗户纸的时候，单刀直入却可以成为你最后的"杀手锏"，起到醍醐灌顶的作用。

在这次谈话之前，朱利亚确实没有把握准确预料马克斯将要做出的答复，因此她设想了两种可能性。第一种可能是马克斯彻底想通了，并且顺利达成一个可行的解决方案。第二种可能则是马克斯仍然无法走出逻辑怪圈，再次将问题拖入无休止的反复争执。朱利亚真的不希望第2种可能变成事实，然而她最不希望看到的情况终于还是发生了。好在她早有准备，及时用单刀直入的方式将他们的谈话重新拉回到预定的轨道。很幸运，朱利亚的补救措施起到了作用。马克斯显然被朱利亚的话触动了，他仔细想了想，继续说道：

马克斯：我仔细琢磨了你上回说的话。你是对的，我出于嫉妒的心理制造流言贬损咱们的领导。这损害了我的形象，也破坏了团队的凝聚力。

朱利亚：谢天谢地，你终于意识到问题的严重性了。这很不容易，不过你还是做到了。那么你觉得自己应该做些什么弥补自己的行为？

马克斯：我必须停止传闲话，重塑自己的形象，维护团队的凝聚力。

朱利亚：有什么具体的措施？

马克斯：这个吗，我还需要你的帮助……

结果

这次谈话之后，朱利亚和马克斯配合默契，一起改正传闲话的坏毛病。当然，指望一个人一下子就改变自己的习惯是不现实的。每当马克斯有意无意旧病复发的时候，朱利亚就会及时向他发出提醒。与此同时，朱利亚也没有忘记使用"表扬法"对马克斯取得的成果进行巩固，帮助马克斯及时认识自己的进步，增强继续向前的干劲。除此之外，朱利亚还针对马克斯的特点采取了每周总结制度，定期和马克斯举行谈话，帮助他总结已有的成绩和缺陷，进一步排除思想心理障碍。所有这些努力最终得到了回报。一段时间之后，马克斯成功改掉了自己爱传闲话的坏毛病，整个团队的凝聚力也得到了增强。

朱利亚所做的一切是否是值得的呢？答案当然是肯定的。要做到这一切是不是很容易呢？显然不是的，那需要你付出太多的精力和时间。然而幸运的是，朱利亚依靠自己的能力和责任感最终完成了这个任务，帮助了马克斯，也帮助了整个团队。

"治疗效果"是永久的吗？

金无足赤，人无完人，被成功挽救的问题员工也可能因为各种原因旧病复发。作为管理者，你必须时时保持警惕，及时为员工提供必要的帮助和指导，将危机消解在萌芽状态。

第 10 章总结

» 防人之口甚于防川，简单粗暴地制止流言只能让情况变得更糟。

» "启发提问法"可以帮助员工及时意识到自己存在的问题。

» 有效的启发性提问应该是开放性的、零命令性的、简明扼要的。

» 帮助员工认识问题的过程应该是层层递进的，即：初步认识到
问题的存在，深入认识问题的影响，正确认识自我形象。

精神涣散

祝贺你，经过前面几章的学习，咱们的工作已经完成大半。咱接下来的这章里，你将集中精力结合具体案例学习使用"5C 方案"的第 5 步——建立责任监督机制（create accountability），为已经完成初步"治疗"工作的问题员工制定相应的责任监督机制，保证他不会因为各种各样的原因旧病复发，让你的辛苦努力白白打了水漂。

遭遇精神涣散者

很多时候，"精神涣散"似乎是用来形容那些懒散的年轻一代的专门词语，然而事实上，员工的精神涣散与否和年龄并没有直接的关系，主要还是取决于他们的工作习惯。更准确地说，就是个人良好工作习惯的缺乏。如何才能从你的团队中准确甄别出那些精神涣散的人呢？方法很简单，你可以注意观察办公室里那些一贯拈轻怕重的家伙；那些从不主动承担职责的家伙；那些得过且过，没有或者干脆懒得为自己制定工作目标的家伙；诸如此类，这些人就是你团队中的精神涣散者。

案例研究：闪光的不一定是金子

尽管很有个人魅力和工作能力，气质形象也不错，斯蒂芬始终只是一个业绩平平的业务经理。他只是专注于自己的事情，对自己领导的团队采取"放羊式"的管理，员工们愿意干什么就干什么，很有些"无为而治"的意思。他总是迟到早退，来得比下属还晚，走得却比所有人都早。他总是向他的领导朱利安抱怨自己的下属用各种各样的问题打扰他，让他没法专心工作。朱利安也从别处听到反映说斯蒂芬根本不称职，他的团队纯粹处于"无政府"状态。

眼见为实

有句俗话说得好：情人眼里出西施。当你觉得某位下属特别顺眼的时候，这个人往往就会成为你眼中的"完人"，只有优点，没有缺点。然而事实证明，最讨人喜欢的员工往往却并非最称职的员工。那些让你觉得"刺儿头"的家伙却可能任劳任怨，兢兢业业。因此，认识一个人必须全面，必须以事实为依据，眼见为实，不能被个人好恶所左右。牢记这点，你就不容易被表象所蒙蔽，从而更加客观地评价自己手下的每位员工，以及他们对于整个团队的价值。

问题

作为一家IT公司刚刚走马上任的部门主管，朱利安很为自己下属斯蒂芬的事情感到头痛。表面上看起来，斯蒂芬似乎是个很不错的下属。他很聪明，人长得又帅，很有个人魅力，电脑技术很精通，市场营销业务方面也很有天赋，每次和客户谈业务，都能有所斩获。从这些方面来看，斯蒂芬似乎是个还说得过去的家伙。然而与此形成鲜明对比的，是斯蒂芬在团队领导方面的涣散、懒散、毫无责任心。为了挽救这位讨人喜欢的下属，朱利安决定使用"5C 方案"，对斯蒂芬进行挽救。在这方面，朱利安有着十分充足的信心，因为他在不久前就曾经使用这种方法挽救过手下的另外一位员工。

使用"5C 方案"

鉴于此前的实践经验，朱利安将挽救斯蒂芬的工作限定在 4 至 6 周时间。以下是他工作过程的部分摘要：

1. 决定挽救还是放弃（commit or quit）

通过使用"利害得失工具表"，朱利安毫无疑问地确定斯蒂芬具有挽救的价值，他的工作能力和经验将会为企业创造更多的利益。留下他继续工作，利大于弊。有鉴于此，朱利安决定针对斯蒂芬制定一个具体的挽救方案。

2. 交流接触（communicate）

在这个环节中，朱利安尝试着将大家的反馈告诉给斯蒂芬，并且结合实际情况，谈了一些自己的看法。遗憾的是，斯蒂芬对此毫不领情，还表现出相当强烈的抵触情绪，坚持认为自己的工作方式无可指摘。所幸的是，朱利安通过向斯蒂芬耐心展示他们部门实际工作完成情况与预期目标间的巨大差异，帮助他认识到了问题的严重性，取得了斯蒂芬对自己观点的认同。

3. 明确目标和角色（clarify goals and roles）

要完成这个环节很难，因为斯蒂芬清楚地知道整个公司以及自己领导的部门的经营目标，却不愿意主动分担其中那部分属于自己的职责。他拒绝与朱利安合作，直到朱利安通过实事向他说明，公司的整体利益与他的个人利益息息相关。话虽如此，斯蒂芬的积极性始终还是不高。

4. 沟通引导（coach）

因为第3步只能算是取得了部分的预期目标，因此第4步的成功与否将直接关乎朱利安整个计划的生死成败。这是他真正挽救斯蒂芬的最后机会。幸运的是，在朱利安苦口婆心的启发引导之下，斯蒂芬最终还是开了窍，认识到目前的情况并不像他自我感觉的那样天下太平。完成预期目标的朱利安终于松了一口气，他决定给斯蒂芬一点时间，消化已经取得的成果。

在这之后的谈话中，斯蒂芬对朱利安说他已经认真考虑过朱利安的看法，不过他还是认为自己没什么大问题。听到这些的朱利安简直要崩溃了，在接下来的谈话过程中，有好几次，他都产生了干脆放弃斯蒂芬的想法。因为他怀疑这个人的理解能力存在缺陷，根本无法对周围的环境进行准确判断，也无法真正理解别人的意见。好在朱利安及时克制了这种消极的念头，他开始使用"启发提问法"逐步调动斯蒂芬主动思考，终于让他认识到了，作为一个小团队的负责人，仅仅干好自己手头的那点工作是远远不够的。斯蒂芬对朱利安坦言，自己除了向下属展示个人魅力之外，其实根本还不知道怎么当好一名领导。

趁热打铁建立责任监督机制

工作进行到这里，朱利安初步达到了自己的预期目的。斯蒂芬已经意识到问题的存在，并且认识到这种存在对于整个团队的不良影响，也开始正视自己的缺陷和不足，产生了改变现状的主动性。接下来，朱利安就可以和斯蒂芬一起制定一个详细的计划，帮助斯蒂芬逐渐获得领导自己团队的能力和经验。

公允的说，斯蒂芬本质上是个很不错的员工。他具备作为一名合格领导所应具有的天赋、才能和个性，他真正缺乏的其实是能够协助他成功履行职责的责任监督机制。为了实现这个目标，朱利安将全部希望寄托于"5C方案"的第 5 步：建立责任监督机制（create accountability）

什么是"责任监督机制"

建立"责任监督机制"的根本目的，就是帮助一个人时刻牢记并且履行自己所承诺的职责。在很多人看来，牢记并履行自己的承诺是理所当然的事情。但是很多时候，因为各种各样的原因（疾病、重大变故、意志力缺乏等），人们会忽视自己的许诺。在这种情况之下，必要的责任监督机制就显得极其重要了。请看下面的举例：

> 一位 CEO 决定利用自己的业余时间写本书。她对自己的文笔很有信心，也积累了足够的写作素材和体验，唯一让她担心的是自己能否从繁忙的日常工作中抽出时间，让自己的计划不至成为纸上谈兵。为此，她专门制定了责任监督机制，请求自己的一位同事作为自己的工作监督人。在每周五的时候，按时检查自己的计划完成情况。这样一来，她就不会因为种种借口，让自己的梦想"明日复明日"了。

还有一点需要注意，所谓"责任监督机制"并不是要以此为依据简单粗暴地指责对方。相反，建立"责任监督机制"恰恰是为了避免工作中的指责和冲突。当你觉得有必要为某位下属提个醒的时候，不妨采取类似这样的方式："咱们上回可是说好了，今天下午 5 点你得把项目方案拿出来。加油，我对你很有信心！"

"责任监督机制"的履行必须是"双向"的

"责任监督机制"规定了员工的责任，那么作为管理者的你的责任又是什么呢？这是一个很重要的问题。如果你要求自己的某位员工在规定的日期之前完成某项工作，作为监督人的你却忘记履行自己的监督职责，情况会怎么样呢？最可能的结果就是你的员工可能很快得出结论，认为你对他和他的工作根本就无所谓，于是最终又回到原先的老路上去。你之前所做的一切努力都将付之东流。因此，除了要求员工时刻遵守自己的承诺之外，作为管理者，你还必须牢记自己监督、提醒的责任。"责任监督机制"的完成，始终是一个双向互动的过程。

对于这一点，我们的很多委托人并不赞同。他们经常会这样抱怨："凭什么让我和老妈子一样，成天盯在员工屁股后头？！我也有我自己的工作和生活。他们已经是成年人了，必须对自己的行为负责，不能总指望别人。"要彻底反驳这种观点很难，也很费时间，所以我们另辟蹊径，也反问了委托人们一个很简单问题："你希望让自己的一切努力白白打水漂吗？"我们得到的回答多数都是否定的。作为管理者，你应该知道，人都是有惰性的，很多时候不能对员工的自觉性抱有太多的幻想。既然你已经做出了那么多的努力，为了保证自己和员工共同取得的成果不付诸东流，再付出一点努力也是必须的。当你的员工逐渐适应了自己的改变，产生行为惯性之后，你就可以逐渐解脱出来了。

备忘录

每个人在工作生活中都有很多事情需要处理，忘记其中的一些是很正常的。问题员工也不例外，特别是在逐渐适应某种新的工作角色的过程中，遗忘几乎无法避免。在这种情况下，为员工建立一个备忘录就显得很有必要了。如果你的员工能够顺利履行自己的职责，你就可以顺其自然，没有必要进行提醒。如果你的员工确实有意无意忘记了自己的职责，你就可以选择适当的时候提醒他一下。提醒的方式可以很简单，比如："嗨，摩根。你答应我要在两天之后提交一份研究报告的，我可很期待啊。"

"责任监督机制"的主要构成

"责任监督机制"很重要，缺少了责任监督，问题员工往往无法持之以恒地改正自己的行为。不过在和员工详细制定"责任监督机制"之前，你们必须首先明确这个机制应该包含的主要内容。通常来说，"责任监督机制"应该涵盖以下5点：

1. 需要完成什么目标？
2. 目标什么时候完成？
3. 目标完成后向谁提交？
4. 目标完成后提交到哪里？
5. 目标完成后如何提交？

下面让我们逐条进行详细说明：

需要完成什么目标？

明确的目标将为工作的完成过程提供明确的方向和持续的动力，因此你和员工在制定"责任监督机制"的时候，就一定要规定好最终需要完成的任务。这个任务应该是具体的，可以量化测评的，比如一份工作报告，一个课题项目，一次会议策划等等。最终任务的规定在"责任监督机制"中体现得越详细越好，越详细就越有利于员工的参照执行。如果你最终需要的是一份 10 页的工作报告，那就不要粗枝大叶地写成"一份报告"。这将有效避免未来工作中可能出现的分歧和争议。

目标什么时候完成？

和最终任务的规定一样，目标完成时间的设定也是越详细越好，最好具体到某年某月某日，甚至具体到几点钟。确定好任务的最终完成时间，你和员工还可以以此为依据制定更加详细的工作日程表，适当分配好每天的任务。这些都将有利于最终目标的实现。

目标完成后向谁提交？

任务完成后，员工的最终工作成果需要提交到谁的手里？是你本人？是某位顾客？或者公司里的某位负责人？一定要在制定"责任监督机制"的时候规定清楚。

目标完成后提交到哪里？

任务完成后，员工的最终工作成果究竟需要提交到哪里？如果任务的最终接收人是你们公司的某位客户，你的员工需要把他的工作成果送到员工的公司，还是他的办公室，或者送到他家？这些也需要在制定"责任监督机制"的时候明确规定。

目标完成后如何提交？

任务完成后，员工的最终工作成果如何投送到预期的地点，提交到事先规定的接收人手里？是用快递、平邮、挂号、传真，还是员工亲自送去。这些最好也在"责任监督机制"中白纸黑字地落实清楚。

将非量化性的目标尽可能量化

"责任监督机制"中规定的最终目标最好是可以量化的，比如一份工作报告，一个课题项目等等。但在有些时候，因为客观条件的限制，最终目标又是很难量化的。在这种情况下，你可以从其它角度尽可能对最终目标进行量化。比如你和员工的目标是举行一次座谈会。通常来说，座谈会的结果往往难以提前预料，但是参加座谈的人员，举行座谈的时间，座谈的主要话题等内容却是可以事先设定的。在制定"责任监督机制"的时候，就可以把这些要点规定清楚。最终目标越是量化，越有利于员工的执行，也越有利于你的监督指导。

责任监督工具表

为了更加有效地对员工的工作完成情况进行测评，你可以使用"责任监督工具表"。这张工具表以书面的形式对员工工作的预期目标进行量化规定，因而有利于你从宏观的角度把握员工的工作完成情况，并且及时为员工提供必要的建议和指导。

"责任监督工具表"除了被用于挽救问题员工外，还可以用来对所有员工的工作完成情况进行监督和干预。它的使用，将有效降低你的工作强度，让员工管理变成一门简单又轻松的艺术。

责任监督工具表				
监督条款	验收时间			评价标准
需要完成什么目标？				
目标什么时候完成？				
目标完成后向谁提交？				
目标完成后提交到哪里？				
目标完成后如何提交？				

解决

朱利安很清楚地知道，帮助类似斯蒂文这样的懒散员工改变自己是一个很漫长的过程。朱利安还清楚地知道，罗马不是一天建成的，任何事情都不能奢望一蹴而就。因此，他在现阶段只为斯蒂芬设定了一个很理性的目标：领导自己的团队对销售记录系统进行升级，使所有销售人员能同时上传销售信息。打定主意之后的朱利安和斯蒂芬一起填写了"责任监督工具表"：

责任监督工具表				
监督条款	验收时间			评价标准
1. 需要完成什么目标？ 对销售记录系统进行升级，使所有销售人员能同时上传销售信息	1/15	1/30	2/15	3/1	需要对近期的工作成果进行复查 需要收集销售人员的信心，如他们通常在什么时候上传信心，目前最急需解决的问题是什么等
2. 目标什么时候完成？ 3 月 15 号					以周为单位制定工作进度，定期对下属的工作完成情况进行检查
3. 目标完成后向谁提交？ 朱利安 翰萨（销售部门主管）					征询 CFO 的意见，看他是否需要对这个项目进行复查。征询其他相关人员的意见，看是否有必要对升级后软件进行小规模测试
4. 目标完成后提交到哪里？ 送到翰萨的办公室					可用或不可用 （由翰萨最终拍板）
5. 目标完成后如何提交？ 拷贝到翰萨的电脑					提交翰萨前，先在其它电脑上测试软件

"责任监督工具表"对于管理者的意义

"责任监督工具表"除了可以帮助类似斯蒂芬这样的懒散员工规范工作行为之外，在另一方面，还可以成为朱利安这样的管理者们履行自己监督、指导义务的基本参照。正如前面所说的，责任监督机制是双向互动的。

与斯蒂芬成功达成共识的朱利安也在自己的电脑里保存了工具表的一份副本，时刻提醒自己不要放松对斯蒂芬的关注，并将自己灵机一动产生的某些想法随时添加到表格中。在每周定期的阶段验收会谈中，这张表格成为朱利安对斯蒂芬进行指导的基本依据。他们齐心协力，让项目变得越来越完善。

结果

当工作进行到 3 月初的时候，朱利安和斯蒂芬不约而同地发现，他们最初为项目规划的视野还是有些狭窄。因为公司销售部门的要求总是在不断变化的，一次系统升级并不能解决所有问题，整个项目必须在现有基础上拓展为长期的定时或不定时升级，及时满足销售部门提出的各种问题。让朱利安欣慰的是，这一次，斯蒂芬没有再被动等待朱利安的督促，而是主动对项目计划进行了修改。虽然对斯蒂芬的挽救计划还没有最终完成，但是现在的朱利安可以毫无疑问地确信斯蒂芬已经回到正常的工作轨迹上了，他的成功只是时间问题。

正如你在这个案例中看到的那样，责任监督机制的条目在确定之后也并非是必须一成不变的，而是可以根据具体情况进行适当调整。在这个过程中，你的员工也可以逐渐摆脱对你的依赖，建立良好的工作习惯，从懒散被动的状态中彻底恢复过来。

第 11 章总结

» 建立责任监督机制，帮助员工切实履行自己的承诺，在挽救问题员工的过程中是至关重要的。

» 最初的时候，你可能需要投入较多的精力对员工进行监督、引导，但是随着工作的不断完善，他就会逐渐摆脱对你的依赖。

» 在建立责任监督机制的时候，以下 5 个条目是必须包含的：

1. 需要完成什么目标？

2. 目标什么时候完成？

3. 目标完成后向谁提交？

4. 目标完成后提交到哪里？

5. 目标完成后如何提交？

» 使用"责任监督工具表"将帮助你和员工有效履行自己的职责，保证工作目标的最终完成。

不通人情世故

12

正如你在第 11 章中已经看到的那样，对既定的工作目标进行量化规定是"责任监督工具表"的主要职能。通常情况下，只要认真填写好这张表格，接下来的工作就可以简化为轻松的按图索骥。不过，当你的既定目标是一些根本无法量化的内容，比如改进员工的工作态度，或者纠正某人的粗野气质的时候，这张工具表还能派上用处吗？我们的答案是肯定的。

遭遇不通人情世故的人

在工作过程中对周围的同事缺乏礼貌、充满敌意、随意顶撞、随便否定别人的意见等等行为，都可以被认为是不通人情世故的粗野表现。某位员工只要表现出其中的任意一条，都可能触及大家的心理底线，对整个团队的工作产生无法估量的负面影响。

案例研究：走得太远的尤兰妲

最初的时候，鲍勃先生只是把尤兰妲的某些粗野行为归结为个人的"艺术家气质"或者代际差异。毕竟尤兰妲要比他年轻得多，足可以当他的女儿。年轻人的许多行为，在年长的人的眼中，往往都是不可理解的。但是，当鲍勃先生发现尤兰妲因为起外号、随意贬低别人等等原因，在一周之内就把所有同事（包括鲍勃本人）都得罪光了的时候，他觉得自己确实应该采取点行动，教训教训这个不通人情世故的小丫头了。

问题

作为一家网络文化公司的经理，鲍勃先生手下的不少员工都是具有艺术家气质的，他本人也非常欣赏这些人身上体现出的那种强烈的开拓精神。这对于他们的公司来说几乎是一种必备的能力。话虽如此，作为高级美编的尤兰妲玩得却实在有点过火了。以至于鲍勃先生已经不能用"年轻"或者"艺术家气质"之类的理由为她开脱，而只能把她的行为归结为缺乏教养的粗野。在这种情况下，尤兰妲只能有两种选择，要么好好改改自己的臭毛病，要么收拾东西走人。

工作中的代际问题

如果尤兰妲是鲍勃的同龄人，那么鲍勃就可以很容易地在他们之间找到共同语言，进而对尤兰妲进行引导和帮助。可是尤兰妲实在太年轻了，年轻到在很多方面甚至无法和鲍勃互相理解的地步，因此鲍勃就很难找到适当的途径和她沟通、交流。这无疑使鲍勃的任务更加艰巨。（如果你对这个问题特别感兴趣，可以参考本书附录 A 的相关内容）

认清员工的价值

尽管对尤兰妲最近的言行很不感冒，鲍勃先生心里还是十分清楚这位高级美编对于整个公司的价值的。就在 8 个月之前，尤兰妲还凭借自己的决心和才智说服了一位大客户，承接了一个大的网站设计项目，也为公司赢得了很高的声誉。如果没有尤兰妲，鲍勃先生的公司是不可能在这个领域获得发展的。在 6 个月之前，尤兰妲还在人事录用方面为鲍勃提供了很好的建议，为公司节约了大笔资金。综观尤兰妲过去一段时间的工作记录，鲍勃先生是绝对不忍心放弃这样具有升值潜力的出色员工的。不过，在另一方面，鲍勃先生也清醒地意识到，尤兰妲的不通人情世故正在对她未来的发展造成阻碍。为了挽救这位问题员工，鲍勃先生必须同时完成两方面工作。既要帮助尤兰妲规范自己的言行，也要想办法平息其他下属对尤兰妲的不满情绪。

做出挽救尤兰妲的决定之后，鲍勃先生首先与公司里的其他员工进行了轮番交流，竭尽所能地取得大家对尤兰妲的谅解。在与员工的交流过程中，鲍勃先生主要问了下面这样一些问题：

» 你觉得最近尤兰妲言行有什么问题？
» 她的言行对你有什么影响？
» 尤兰妲这个人有什么优点和好处？
» 她对整个团队有什么贡献？

谈话交流的结果令鲍勃先生十分振奋。尽管很多人都对尤兰妲的粗野言行表示了自己的不满，不过只要尤兰妲能够改正自己的错误，大家还是愿意再给她一次机会。在取得了员工的普遍支持之后，鲍勃先生正式开始对尤兰妲采取行动。

一步步，慢慢来

这之后的几个月时间里，鲍勃先生几乎把自己全部工作精力的 10% 都投放到了尤兰妲身上。功夫不负有心人，鲍勃先生按照"5C 方案"，先后完成了 4 个步骤：

1 决定挽救还是放弃（commit or quit）

鲍勃先生认真填写了"利害得失工具表"，为将要和尤兰妲展开的交流做足了充分的准备。

2 交流接触（communicate）

鲍勃先生耐心地和尤兰妲进行了几次谈话，逐渐让她认识到问题的存在和严重性。

3 明确目标和角色（clarify goals and roles）

鲍勃先生帮助尤兰妲明确了自己在团队中的角色，以及整个团队的努力方向。

4 沟通引导（coach）

鲍勃先生通过几次启发性的谈话，调动尤兰妲的思维，让她主动意识到自己最近的行为可能对自己的事业和人生产生的影响。

这些环节有的完成得很顺利，只经过一次谈话就达到了预期目的，有的则比较复杂，耗费了很多时间，涉及了多方面的问题。有些问题表面上看起来和尤兰妲的情况风马牛不相及，实际上却又存在着内在的联系。比如在完成第 2 步的过程中，鲍勃和尤兰妲除了谈到在工作中必须注意自己的言行举止，尊重同事之外，还探讨了公司的某些基本规章制度（其中明确规定同事间必须互相尊重），并邀请人力资源部门的主管一起参加了他们的谈话。其中某些谈话内容的真正效果还需等待时日，才能充分显现出来。

在第 4 步中，为了帮助尤兰妲认识自己行为的负面影响，鲍勃先生按照第 10 章中提到的标准（开放性、零命令性、简明扼要），询问了尤兰妲一些具有启发性的问题，例如：

» 你的行为会对整个团队产生什么影响？

» 自信和自大之间有什么区别？

» 你以后打算和同事们怎么相处？

最终，鲍勃先生欣慰地看到，尤兰妲充分意识到了问题的存在，并且开始发自内心地希望改变自己，改变现状。即将大功告成的鲍勃先生准备进入 "5C 方案" 的第 5 步：建立责任监督机制（create accountability），使用 "责任监督工具表"，帮助和引导尤兰妲持续规范自己的行为。

正如你在本书第 11 章中已经看到的那样， "责任监督工具表" 的使用非常简单。你只需要把自己和员工达成的共同期待依次填写到表格中，对你们的最终目标有一个总体性的把握，并为它建立相应的测评、监督机制就可以了。在填写这张表格的过程中，有 5 个问题是你们必须始终牢记的：

1. 需要完成什么目标？

2. 目标什么时候完成？

3. 目标完成后向谁提交？

4. 目标完成后提交到哪里？

5. 目标完成后如何提交？

它们共同构成了下面这张"责任监督工具表"的基本骨架：

责任监督工具表				
监督条款	验收时间			评价标准
1. 需要完成什么目标？				
2. 目标什么时候完成？				
3. 目标完成后向谁提交？				
4. 目标完成后提交到哪里？				
5. 目标完成后如何提交？				

以下是鲍勃先生和尤兰妲填写着张表格的过程中的谈话片断：

鲍勃先生：尤兰妲，希望你能真正遵守公司对于员工的行为规范要求。正如大家所做的那样。我知道，你是个有恒心的人，这是你的主要优点之一。工作中，你从不轻易放弃任何正确的想法。在改善自己的言行举止方面，我希望你能够有同样出色的表现，虽然这并不容易。

尤兰妲：我对自己的意志力有充分的信心，我也不需要你们大家的帮助就可以管好自己的事情。不过你是否能向我具体解释一下，什么才是你所谓的"规范的言行举止"。只有这样，我才真正可以有据可依。

鲍勃先生：这个问题问得很好。我们的员工手册里确实没有对所谓"规范的言行举止"的具体规定，不过咱们可以一起开动脑筋，把它细化起来。这对公司里的其他人也将会有很大的帮助。

自己制定规范

类似这样在员工手册中无法找到详细规范的情况其实并不常见。不过如果确实遇到了这种情况，又该如何应对呢？答案很简单，就是发动大家，集思广益，自己制定规范。在尤兰妲的案例中，因为无据可寻，鲍勃先生索性把公司里的所有员工都动员了起来，大家共同完善员工手册中员工应该具有的"规范的言行举止"的相关条目。为此，鲍勃先生特地采取了以下几个步骤：

1. 在整个公司范围内展开关于"规范的言行举止"的集体讨论。
2. 要求每名员工进行书面回馈。
3. 依据员工的回馈制定相关规范。
4. 根据这个规范对所谓"规范的言行举止"进行具体界定。

这4步中的每个环节对于整个计划的完成都至关重要。一招失误，就可能满盘皆输。如果鲍勃先生不在整个团队的范围内展开集体讨论，取得所有员工的参与和支持，他就无法建立真正意义上属于所有人的规范。公司中的每个员工也必须人人参与到这个行动中来，才能真正感受到自己在团队中的意义，求同存异、互相体谅，在共同建立规范的同时，增强团队的凝聚力。在这个过程中，所有员工都可以通过这样一些细节，感受到来自你的尊重和爱护：

> » 不要轻易打断和否定任何人的发言。
> » 及时给予员工诚恳的回应。
> » 和女员工谈话时，注意让办公室的门始终开着，尊重女性、避免嫌疑。
> » 用职务和尊称称呼下属部门的负责人。

在制定好明确的准则规范后，你还必须把它们落实为具体的行为。只有这样，所有员工才能够真正有据可依，避免让准则规范沦落为一纸空文。不过如何才能把准则规范落实为具体的行为呢？所谓具体行为，就是每个人和自己的同事、顾客、上级、下级相处时，一些最基本的言行举止，包括穿衣打扮、说话办事、召开会议、谈话交际等等。这些言行举止，有些表面上看起来微不足道，实际上却可能从根底上反映个人的气质修养，对一个人的生活和工作产生潜移默化的影响。

采取行动

鲍勃先生开始在整个团队的协助下，以尤兰妲的问题为契机，着手为大家制定一份能够体现同事间互相尊重的准则规范。当鲍勃起初向员工征求意见的时候，有些人感觉很不适应，因为这在公司的历史上还是开天辟地第一次，不过大家最终还是理解了他的用心，开始积极配合鲍勃的行动。鲍勃耐心地聆听所有人的意见，并且认真记录。尽管大家对所谓"规范的言行举止"的理解还存在很多分歧，但毕竟存在达成共识的基础。在此基础之上，鲍勃先生又进行了第二次员工集体讨论。大家求同存异，最终对能够体现同事间互相尊重的规范的言行举止达成了以下几点共识：

» 别人说话的时候不要随便打断。

» 开会的时候必须全身心投入，把手机之类的东西关上。

» 如果你不赞成别人的观点，也没必要大喊大叫，有理不在声高。

» 禁止做任何威胁、侮辱性的手势。

» 禁止带有性别、种族歧视这类内容的言论。

制定了完善的规范，接下来就可以以此为依据，帮助尤兰妲调整自己的行为了。于是，鲍勃先生和尤兰妲以其填写了"责任监督工具表"

责任监督工具表				
监督条款	验收时间			评价标准
1.需要完成什么目标？ 对每个同事的言行举止都要体现出发自内心的尊重。	5/7	5/14	5/28	6/8	以大家共同制定的准则规范为依据。
2.目标什么时候完成？（不可能规定具体的完成日期，但可以以周为单位对已取得成果进行总结） 每周进行测评、总结。				
3.目标完成后向谁提交？（在这里理解为让谁感受到我努力改变自己的成果） 公司中的所有同事。				

4.目标完成后提交到哪里？（在这里应理解为具体在什么场合遵守行为规范）				
5.目标完成后如何提交？（在这里理解为如何让同事感受到我的改变）口头语言、身体语言、书面语言。				所有的言谈举止都必须接受大家的监督、评价。

　　鲍勃先生和尤兰妲确定了以"每周总结"的方式，对尤兰妲的工作进行监督、纠正。如果他们之间在总结的过程中发生分歧，就可以很方便的以大家共同制定的准则规范为依据。有了这个准则规范，两个人的工作都变得简单而清晰起来了。

责任感的重要意义

　　尤兰妲的付出很快得到了回报，在她增强对同事的尊重的同时，大家也投桃报李般地给予她相应的尊重。公司里的工作氛围变得越来越和谐。很多问题员工之所以出现问题，根源可能在与他们并不理解责任感（包括对于自己言行的责任感）对于自身工作成功的重要意义；也不理解只有在为人处事方面认真承担自己的责任，才能从别的同事那里获得相应的尊重和支持。

　　对自己一言一行认真负责的人往往很容易赢得他人的好感，并且从中受益；那些毫无顾忌、任意指责、伤害他人的人则大多无法获得他人的信任和支持。当他们遇到困难的时候，也就不可能指望从其他人那里得到安慰和帮助。如果某位员工动辄伤害他人，由于责任意识的缺乏，经常会在团队中缺乏人缘。他的同事很难愿意跟他合作，他的领导也不会放心地对其委以重任。另一方面，正如尤兰妲已经体验到的那样，当某位员工开始对自己的言行举止认真负责的时候，他就会从自己的同事那里得到相应的回报。如果员工本身的业务能力又特别出众，大家就会更加乐意在工作中听从他的意见，使他在团队中的影响力、号召力大幅度增强，而这又会反过来促进员工更加主动地提高自己的责任意识，形成良性循环，最终使整个团队受益匪浅。

如果员工出现退步怎么办？

1 个月之后，尤兰妲的努力出现了一次严重的退步。事情的起因来自尤兰妲的下属玛丽负责的一位客户。不知道因为什么原因，这位客户对委托给玛丽的任务表现出空前的挑剔态度，几乎有点鸡蛋里挑骨头。公司里的所有人都为此焦躁不安，气氛已经紧张到沾火就着的地步。在一次例会上，玛丽又一次谈到这位客户的问题。尤兰妲终于失去了耐心，她近乎咆哮地喊道："这人真是个混蛋！我不知道你是怎么和这只蠢猪相处的！"

听到这里，鲍勃先生立刻起身，把尤兰妲叫出去谈话。虽然他也可以选择会后再和尤兰妲单独谈话，但是鲍勃先生不想冒让这场例会因为尤兰妲的不理智，变成吵架的风险。同时，他也想向所有员工表明自己的对违反规则的"零容忍"态度。当鲍勃先生和尤兰妲离开会议室之后，他们进行了下面的谈话：

鲍勃：尤兰妲你向玛丽发脾气、大喊大叫，这违反了咱们的行为规范。为什么这样做？

尤兰妲：我知道，我知道。我只是控制不住自己。我被这个客户搞得筋疲力尽，压力太大了。我这个人压力一大就容易失控。

对不起。

鲍勃：我接受你的道歉，而且理解你的心情，不过你必须向玛丽道歉。

尤兰妲：我知道。

鲍勃：在过去的 3 个月时间里，你做得很好。这一切我都看在眼里。这次你没控制好自己的情绪，不过我相信你一定可以从中吸取教训，继续努力。如果再次出现类似的行为，我就必须按照咱们的约定，采取相应的惩罚措施。

尤兰妲：我知道，我不会再犯这样的错误的。

鲍勃：我相信你！记住，如果有什么人让你觉得想要发火，你可以和我请假，出去冷静一下。

尤兰妲：好的，我会注意的。

这次事件之后，尤兰妲再没犯过相同的错误。鲍勃先生也始终没忽视按照大家制定的行为规范对尤兰妲进行监督、纠正。在这个过程中他们增进了相互的了解，也共同感受到由此带来的好处。

正如你在这个案例中看到的那样，无论你需要达到的目标是可以量化的还是无法量化的，只要能够制定相关的准则规范，"责任监督工具表"都可以在你的努力过程过程中发挥应有的作用，为你挽救问题员工的行动保驾护航。

第 12 章总结

» 对于可以量化的或无法量化的目标，建立责任监督机制同等重要。
» 如果你需要解决的某个问题不存在现成的准则规范，你可以发动大家，自己制定规范。

» 准则规范制定之后，一定不能仅仅停留在纸面，而要把它落实到具体的行为，便于大家遵守、监督。

» 一旦出现违反规则的情况，你可以依据"责任监督工具表"达成的共识采取相应的措施。

应该放弃的时候

在本书的第 3 章，你学会了使用"利害得失工具表"对挽救或者开除问题员工的利害得失进行成本核算。使用这张工具表，你得以从时间和费用的角度，客观评价挽救某位问题员工是否划算。如果答案是肯定的，那么接下来，你就可以使用百试不爽的"5C 方案"着手对员工进行挽救。

但是，如果答案是否定的呢？也就是说某位员工根本不值得挽救，留下他创造的价值根本不足以抵偿你挽救他可能产生的各种成本。如果你通过"利害得失工具表"确实得出了这样的客观结论，那么我们不得不万分遗憾地说，这种情况就是你应该放弃的时候了。

遭遇"开小差"的家伙

"开小差（AWOL）"这个词经常出现在军事领域，用以指代军人随意抛弃自己的职责，当逃兵。在商业领域，"开小差"则通常指代某些员工迟到早退、无故旷工、忽视职责，或者人在心不在之类的恶劣行为。只要你手下有一位员工出现"开小差"的行为，整个团队的工作就很可能会受到影响，工作出现积压，无法按期完成，最终造成整个任务的拖延。

"开小差"行为的存在，还将为你的团队带来持续的负面影响，严重削弱团队士气，挫伤所有员工的工作积极性。

案例研究：艾萨克，晚点总比不干好

艾萨克这人有个特点，就是每当普瑞缇需要他完成某项工作的时候，他总是毫无悬念地不在场。迟到几乎成了艾萨克工作的一大"特色"，他上班迟到，开会迟到，联系客户迟到，总之所有的事情都迟到。"晚点总比不干好"，这是艾萨克的"座右铭"。当初在雇用艾萨克的时候，普瑞缇曾经对他寄予过很高的期望。然而事实证明，这个人是不能够被赋予任何重要任务的，因为他是个经常"开小差"的家伙。

问题

普瑞缇在她那家初创的小公司里承担着很多职务，她最大的官衔是CEO，与此同时，为了尽可能节省开支，她还兼任CFO、市场部经理，以及其他各种职务。每天忙得焦头烂额的普瑞缇很希望能有个得力的助手帮她一把，这也是为什么她曾经对艾萨克寄予厚望的原因所在。当初的艾萨克是个市场营销专业的应届毕业生，凭借自己的学识和能力，他获得了普瑞缇的青睐，在这家小公司的销售部门得到了一个职位。平心而论，那时候的艾萨克是个很不错的小伙子，他很快适应了自己的新工作，并且干得有声有色。普瑞缇甚至信誓旦旦地向他保证过，等到公司规模扩大之后，艾萨克会第一个得到提升。

俗话说得好，情人眼里出西施。我们都有这样的经验，当你看某个人特别顺眼的时候，你会觉得这个人样样都好，简直就是个尽善尽美的"完人"，连他的缺点也可以被看成"优点"。曾经的艾萨克在普瑞缇眼里就是这么一个"完人"，完美得甚至让普瑞缇对他的某些错误有意无意地视而不见。事实证明，正是普瑞缇的姑息放纵，导致了艾萨克身上的问题越来越严重。

冰冻三尺，非一日之寒。艾萨克从前程似锦的优秀员工蜕变成随意"开小差"的问题员工，也经历了一个从量变到质变的漫长过程。艾萨克第一次上班迟到的时候，为了应付普瑞缇，还着实花费心思编了个说得过去的理由。对艾萨克青睐有加的普瑞缇只是简单说了几句"下次注意"之类的套话，并没把这件事情往心里去。可是接下来的一周，胆子越来越大的艾萨克又无故迟到了两次，虽然每次只有 10 分钟。再接下来的一周，艾萨克干脆整整一天都没来公司上班。艾萨克事后的解释是他生病了，之所以没打电话请假，是因为他不知道公司的员工守则里有这项规定。听到这个理由的普瑞缇简直要崩溃掉了。诚然，在制定员工守则的时候，她确实没把"生病了应该打电话请假"的条目写进去。不过这么简单的常识，就算是十来岁的孩子也应该知道吧？

后来发生的事情更让普瑞缇无法容忍。普瑞缇的老客户柯瑞格·威特莫为她们公司提供了一笔价值 3000 美元的大单。柯瑞格的订单很急，必须在 24 小时之内完成所有手续，否则他就要另找其它公司合作了。大喜过望的普瑞缇赶紧把艾萨克叫到办公室，安排他和柯瑞特进行接洽。艾萨克果然"不负众望"，他整整比柯瑞特规定的时间晚了一刻钟。最终，普瑞缇空欢喜了一场，眼睁睁地看着订单被其它公司抢走。

艾萨克的案例充分说明，有时候过分看好某位员工，可能会让你对他身上存在的隐患视而不见，最后养虎遗患，让问题发展到不可收拾的地步。不过亡羊补牢，犹未为晚。在这种情况下，虽然你已经错过了采取行动的最佳时机，却仍然可以使用"5C 方案"对员工进行挽救。行动的第 1 步，当然是使用"利害得失工具表"对挽救员工的成本和收益做出综合评定（这部分内容还可以参考本书第 3 章）。需要强调的是，这个步骤是必需的，绝对不能省略，因为它的结论是你后面采取一系列行动的前提条件。跳过这步，跟着感觉走，可能最终事倍功半，为你造成更大的损失。

仔细考虑再行动

相比认真完成"利害得失工具表"，某些管理者往往更倾向于依赖自己的感觉，直接采取行动，因为这确实要简单、快捷得多。但是通常情况下，在你做出任何决定之前，进行一些耐心、细致的考虑其实是很有必要的。基于数据和事实的严谨思考，将使你做出的决定更加牢靠，规避不必要的风险。

解决

下面是普瑞缇针对艾萨克完成的"利害得失工具表"：

第 1 部分：问题员工造成的损耗

当普瑞缇认真计算过自己在艾萨克身上耗费的工作时间以及其它各种损失之后，她感到异常震惊和沮丧。目前，普瑞缇每周工作 60 小时，月薪 5000 美元，而她每年用来为艾萨克"擦屁股"的工作时间就相当于 2500 美元。

管理者的时间损失	小时 / 每周	可能损失 (未来半年)
问题员工耗费的时间	1.5	—
相关员工耗费的时间	0.5	—
与人力部门、律师、其它主管部门接触耗费的时间	1	—

管理者的时间损失	小时 / 每周	可能损失 (未来半年)
为此在客户身上耗费的时间	–	–
其它	–	–
总时间消耗	3	$1250

时间就是金钱

不论我们愿意与否，时间总会慢慢地流逝，工作时间也是如此。如果你不是一个特别细致的人，无法凭借大脑准确计算自己工作时间的各种支出，你可以求助于最原始的本子和笔，每隔 15 分钟，对自己的工作情况进行详细记录，你就可以准确计算出自己耗费在问题员工身上的总体时间支出。参考你的薪酬标准，它们最终可以转化为实实在在的美元。

普瑞缇又认真计算了艾萨克直接对公司生产经营造成的损失：

生产力损耗	百分比	可能损失 (未来半年)
问题员工直接造成的损耗	5%	$625
相关员工造成的损耗	5%	$750
其它	–	–
总生产力损耗	–	$1375

接下来，普瑞缇又计算了丢掉克瑞格订单对公司造成的损失（相当于利害得失工具表的第 3 部分：直接损耗），计算这笔损失的时候，普瑞缇气得直咬牙：

直接损耗	已发生	可能损失(未来半年)
设备损耗	—	—
其它	$3000	—
总损耗	$3000	—

基于上面 3 部分表格，普瑞缇得出结论：艾萨克未来 6 个月可能造成的损失在 5600 美元左右，而且他的所作所为还可能彻底把公司拖垮。除此之外，普瑞缇还想到了因为要帮艾萨克"擦屁股"而耽误的联络其他客户、洽谈生意的时间，由此造成的潜在损失在 20 万美元左右。这对于普瑞缇的公司来说，实在不是一笔小数目。

通常情况下，所谓"潜在损失"是很难准确计算，也是很难客观判断的。然而事实却是，如果你不断地被各种鸡毛蒜皮的琐事掣肘，你也就无法全心专注自己的工作，会错过很多机会，最终造成的损失是必然的：

预计潜在损失	当前	未来半年
错过交工期限	—	—
目标无法完成	—	$200000
项目无法发展	—	—
其它	—	—
预计总潜在损失	—	$200000

第 2 部分：挽救问题员工可能发生的损耗

挽救问题员工的预计成本	小时每周	可能费用 (未来半年)
管理者的工作时间	2	$800
内部专家咨询时间		
外部专家咨询时间		
外部培训时间		
其它		
总计费用	2	$800
招聘新人费用		$50000

第 3 部分 挽救问题员工的好处

填写完这部分表格，普瑞缇的思路已经变得很清晰了:

挽救问题员工的好处
你的问题员工曾经状态良好地工作过吗？如果是这样的，他做出过何种贡献？
没有，起码目前没有，相反他给我带来了很多麻烦。或许艾萨克并不适合这个工作。
如果他现在的状态依然良好，能够为你的团队做出何种贡献？
作为销售人员再历练一段时间，或许他可以成为一名好的销售经理。
他继续留在团队还能带来何种潜在利益？
我无法回答这个问题，因为我已经不信任他了。

现在，情况对于普瑞缇来说，已经十分明了。她过去对于艾萨克的期望显然是过高的。鉴于目前的情况，继续让艾萨克留在公司耗费那点有限的资金是不明智的。作为一家人手、资金都很缺乏的初创公司，普瑞缇他们需要的是能真正撑起一摊工作的干将，而不是艾萨克这样成天"开小差"的家伙。

为了及时纠正自己的失误，普瑞缇准备放弃艾萨克，重新雇佣一位员工。这个过程大约耗费了她1个多月的时间，然而最终事实证明，普瑞缇的决定是正确的。有了这位新帮手之后，她再也不用为了各种迟到、延误的琐事焦头烂额，终于可以集中精力打理自己的事业了。

有些时候，管理者可以在"5C方案"的初始阶段就准确判明情况，主动放弃某位问题员工，从而避免了接下来的很多麻烦，例如艾萨克的这个案例。然而在更多的时候，管理者往往是在采取了一定行动之后，才发现员工根本无法与自己实现共鸣，进而改变主意，产生放弃的念头的。安娜的委托人劳伦娜遇到的情况就是这样：

在使用"利害得失工具表"进行综合权衡之后，劳伦娜决定着手挽救克利夫——在她手下任职的一位典型的"借口制造者"。对此，克利夫也明确表示愿意配合。达成共识的两人开始依据"5C方案"，按部就班解决问题。然而事情的结果却不像前面提到的案例那样皆大欢喜，克利夫最终没能纠正自己的行为。他仍然因为自己的错误频繁指责他人，和许多同事的关系都搞得很僵，也无法找到自己在团队中的准确定位。实话实说，劳伦娜舍不得解雇克利夫，因为无论从专业知识方面，还是工作能力方面来看，他都是一位不可多得的人才。但是劳伦娜又实在无法容忍某人的存在持续破坏自己团队的士气和团结，这触及了她的底线。

得体地说再见

当你已经做出解雇某位员工的决定的时候，你仍然需要借鉴"5C方案"的某些内容进行相应的准备。在真正开口让某人收拾东西走人之前，有必要事先熟悉公司的各种规章制度、法律条文。无论挽救或者解雇某位问题员工，这都是你采取行动的前提条件。如果你对这些内容所知甚少，可以咨询人力资源部门或者其它方面的专业人士。以下条目是你采取行动之前必须始终牢记在心的：

1. 设定时间期限

通常来说，员工的问题行为不可能无医自愈。一旦着手挽救某位问题员工，大量的时间、资源损耗是不可避免的。不过，你必须为自己的工作设定一个最后期限，不能没完没了。如果你的员工在你采取措施6个月后，仍然没有明显的改变，你就应该把放弃的可能性提到日程上来了。

2. 要坦诚、友好，最重要的是，要给员工一个明确的理由

即便你已经决定解雇某位员工，你和他的第一次谈话也可以暂时先不涉及这个问题。你可以和他谈谈公司的规章制度，以及他本人的工作情况，引导他自己认清情况，起码要让员工在知道坏消息前有个心理准备。

3. 准备书面材料

当你做出解雇某位员工的决定之后，就可以开始着手准备一份文字材料。材料的内容应该包括员工出现的各种问题，你所采取的相应措施，你和员工以及其他有关人员进行的每次谈话等等。所有条目都必须详细、具体。这份材料应该一式两份，保存在妥善的地点，作为你将来需要对自己的决定进行解释时的主要依据。除此之外，你还需要和自己的上级，以及人力资源部门汇报、沟通。

185

4. 制定计划

在制定计划之前，你需要征求领导和人力资源部门的意见，不要自作主张，更不要先斩后奏。在正式解雇员工之前，你需要从领导和人力资源部门那里获得这样的明确答复：谁将接替离职员工的职位；在什么时候，什么地点，你可以着手招聘新员工；招聘进来的新员工将由谁负责培训，以及接受何种方式的培训。除此之外，你还需要为离职员工认真撰写操行鉴定，因为你有义务让员工未来的雇主了解他的真实情况。关于这方面，你可以咨询公司的法律顾问，或者人力资源部门的相关人士。

5. 不要忽略了其他员工

解雇问题员工之后，你也不要忘记对团队中的其他员工给予适当关注。当过老师的人都有这样的经验，班里出了一个"问题学生"，就可能影响一大片，把其他"正常学生"也带累成"问题学生"。不要让这种情况在你的团队中出现。

解雇员工的一些技巧

1. 开门见山，意思明确

在告诉员工他被解雇的坏消息的时候，用不着空费力气组织语言，开门见山就好，但是态度一定要得体，表现出对对方的尊重。买卖不成仁义在，不要再在别人的伤口上撒盐。

2. 同情心

不要当着其他员工的面宣布某位员工被解雇的消息，也不要使用粗鲁或者羞辱性的语言。要懂得尊重别人，同情别人。家家都有难念的经，你的员工有自己的尊严，自己的家庭，自己的锅碗瓢盆、鸡毛蒜皮，可能已经生活得很艰难，突如其来的辞退更会让他雪上加霜。你的同情可能无助于问题的解决，不过作为人，你有义务让自己的同类感受到朋友的关怀和体贴。哪怕是在向他宣布坏消息的时候。

3. 要做好最坏的准备

当你宣布完解雇的消息之后，员工可能会变得沮丧、焦虑，甚至暴怒。这个时候，你一定要保持理智。不要和员工争吵、打闹，要冷静地告诉他做出这个决定的理由。

4. 必要的安全措施（特别是在你的员工存在暴力、偏执倾向的时候）

在正式宣布决定，找员工谈话之前，你需要仔细判断这个人是否存在某些暴力、偏执倾向。如果有的话，为了避免他的不理智行为可能对你造成的伤害。在宣布解雇决定之前，有必要要求一两位其他相关人员（比如人力资源部门领导）在场。必要的时候，他们可以为你提供一些安全保护。

5. 做好善后工作

你和被解雇的员工都应该知道，这是他最后一次以正式员工的身份被允许进入公司了。为了避免他在离开公司之前做出某些不理智的行为，如果有必要的话，你可以安排保安人员护送他离开。

问题员工的存在会耗费你大量的时间和资源，他的离开将令你感觉如释重负，但这并不意味着一切都已经万事大吉了，你需要处理的事情仍然还有很多。

对于多数人来说，无论理由多么充分，开除别人，砸掉别人的饭碗终归还是一件不那么令人愉快的事情。在那位不幸员工离开后的若干天里，你可能都会被强烈的负罪感纠缠、困扰。当你觉得依靠自己无法迈过这个门槛的时候，你可以向自己的领导或者其他专业人士寻求帮助，对自己的心理进行适当调适。在力所能及的情况下，你也可以向那位不幸的员工提供帮助。送人玫瑰，手有余香，尽可能与人为善总是不会错的。除此之外，为了避免这件事情造成团队中的其他成员人人自危，影响士气，你还必须保证信息的公开透明。让所有人了解事实真相，是避免谣言和误会的最好办法。

第 13 章总结

» 亡羊补牢，犹未为晚。不论你什么时候发现了员工的问题行为，早也好、晚也罢，都应该在第一时间采取及时的干预措施。"利害得失工具表"可以帮助你在做出决定之前，对整个事件的利害得失进行客观的综合评定。

» 不论员工曾经的表现如何，当你做出让他离开的决定之后，你都应该给予他必要的同情和尊重。

» 解雇员工是件大事，应该提前计划周详。在你做出决定之前，有必要听取领导和人力资源部门的意见、建议。

» 解雇员工的过程必须提前计划周全，考虑到各种可能因素和突发事件，既要保护对方，也要保护好你自己。

» 员工被解雇之后，你作为直接负责人，出现强烈的负罪感是正常的。团队的其他成员也势必会出现程度不同的思想波动。这个时候，你应该在照顾好自己的同时，妥善处理对其他员工的安抚工作。

结　语

感谢你花费时间阅读本书，衷心希望本书能够对你有所启发，使你的时间和精力不至于白白空费。如果你已经认真阅读过本书，那么我们有理由相信，此时的你已经有足够的信心和能力去面对任何问题员工，领导你的团队了。

在全文即将结束的时候，我们再次向你强调本书的核心和灵魂——"5C 方案"。正如你已经看到的那样，"5C 方案"是一个前后勾连、互相联系的整体。每一环节的完成，都是顺利进行下一环节的前提，缺一不可。不过任何方案的使用都不应该教条和机械，而是应该依据具体情况做出适当调整，"5C 方案"的使用也是如此。在面对不同情况的问题员工的时候，你可以根据实际情况，将自己的时间、资源按照一定比例分配给"5C 方案"中的 5 个环节，但绝不应该随意省略其中的任何一个环节：

1. 决定挽救还是放弃（commit or quit）
2. 交流接触（communicate）
3. 明确目标和角色（clarify goals and roles）
4. 沟通引导（coach）
5. 建立责任监督机制（create accountability）

　　与此同时，你还应该知道，没有两个问题员工是完全一样的。虽然本书已经尽可能全面地为你列举了其中的很多典型类型，但你仍然可能遇到无法归入其中任何一类的新类型。这是否意味着你遇到的问题员工属于无法挽救的类型呢？答案是否定的。有句俗语说得好：人上一百，林林总总。人与人之间是有很大差异的，员工的管理，特别是问题员工的挽救是一件相当复杂的工作。在这方面，你不应该奢望存在百试百灵的现成套路。"5C方案"只是为你提供了一个基础和框架，不要以为有了它就可以万事大吉，你自己仍然有很多工作要做。

　　除了科学、严谨的方案之外，理性、平和的心态也是你作为管理者的必备素质之一。虽然某位员工可能令你无数次咬牙切齿、血压升高、心率过速，但你有必要始终理智、冷静地去解决问题。发脾气、不理智只会把情况变得更糟，有话好好说，有事好好做，才是一名优秀管理者应有的正确态度。这不仅有益于你，也有益于你的员工，乃至整个团队。正确的态度，再加上正确的方法，你将无往而不胜。

附录：本书使用的各种表格

工具表1

与问题员工沟通前你需要认真考虑的 **10** 个问题
1. 我的员工目前存在的主要问题是什么？
2. 我作为管理者与这些问题之间是否存在一定关系？
3. 这些问题对你我的员工的工作产生了何种影响？
4. 这些问题对我们的团队产生了何种影响？
5. 目前我可以采取什么行动？
6.我的员工对于这些行动将会如何反应？
7. 我在什么时候约他谈话比较合适？
8. 我希望通过这次谈话获取何种信息？
9. 我将向员工提出什么问题？
10. 我如何判定这次谈话达到了预期目的，取得了成功？

工具表 2：利害得失工具表

第 1 部分：问题员工造成的损失

管理者的时间损失	小时 / 每周	可能损失（未来半年）
问题员工耗费的时间		
相关员工耗费的时间		
与人力部门、律师、其它主管部门接触耗费的时间		
为此在客户身上耗费的时间		
其它		
总时间消耗		

生产力损耗	百分比	可能损失（未来半年）
问题员工直接造成的损耗		
相关员工造成的损耗		
其它		
总生产力损耗		

直接损耗	已发生	可能损失（未来半年）
生产或服务失误造成的损耗		
设备损耗		
其它		
总损耗		

潜在损耗	已发生	可能损失（未来半年）
期限延误		
目标未完成		
项目受干扰		
其它		
总潜在损耗		

第2部分：挽救问题员工可能发生的损耗

挽救问题员工可能发生的损耗	小时/每周	可能损失（未来半年）
跨部门咨询时间		
外部评估咨询时间		
外部辅导培训时间		
其它		
总耗费		
寻找接替者可能造成的损耗（在职者薪酬的 2—2.5 倍）		

第 3 部分 挽救问题员工的好处

挽救问题员工的好处
你的问题员工曾经状态良好地工作过吗？如果是这样的，他做出过何种贡献？
如果他现在的状态依然良好，能够为你的团队做出何种贡献？
他继续留在团队还能带来何种潜在利益？

工具表 3

求同存异工具表	
问题行为	你们对于这些问题的看法
人际交流 工作态度 言谈举止 职责操守 准确度 成功率	我的观点
	你的观点
	我们的分歧
	解决办法

工具表 4

形象差异工具表		
（这张表格主要用来记录施动、受动双方对于施动者形象（行为）的理解，以及其中差异）		
施动方的目的		
100		100
90		90
80		80
70		70
60		60
50		50
40		40
30		30
20		20
10		10
受动方的理解		

工具表5：目标定位工具表

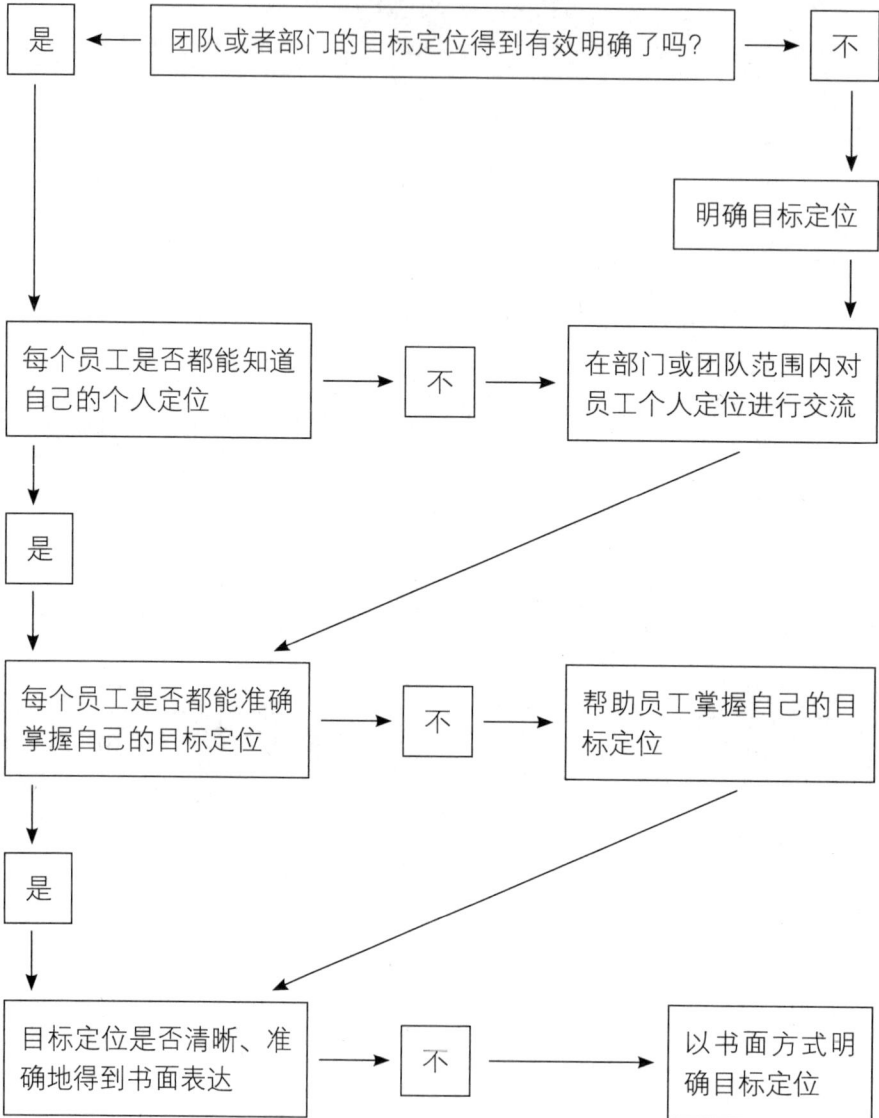

| 是 | ← | 团队或者部门的目标定位得到有效明确了吗? | → | 不 |

明确目标定位

| 每个员工是否都能知道自己的个人定位 | → | 不 | → | 在部门或团队范围内对员工个人定位进行交流 |

是

| 每个员工是否都能准确掌握自己的目标定位 | → | 不 | → | 帮助员工掌握自己的目标定位 |

是

| 目标定位是否清晰、准确地得到书面表达 | → | 不 | → | 以书面方式明确目标定位 |

工具表 6：角色（目标）定位工具表

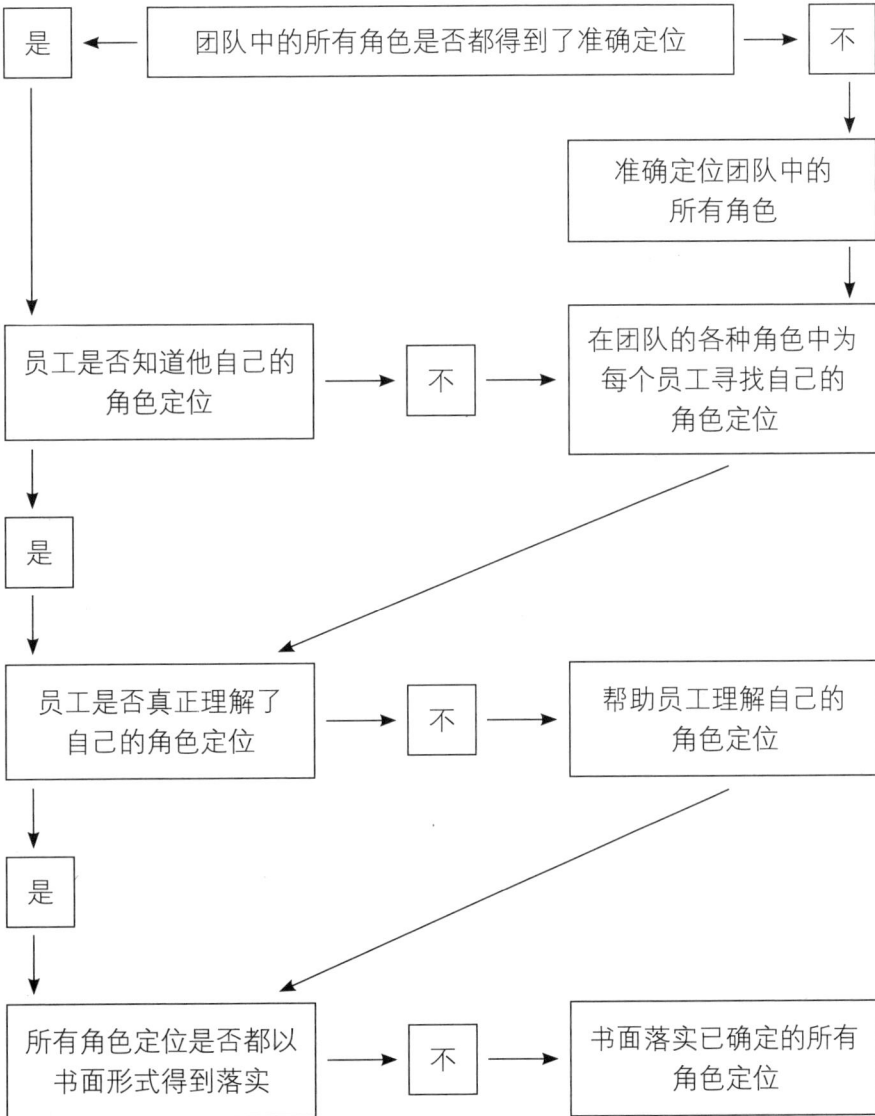

| 是 | ← | 团队中的所有角色是否都得到了准确定位 | → | 不 |

准确定位团队中的
所有角色

| 员工是否知道他自己的
角色定位 | → | 不 | → | 在团队的各种角色中为
每个员工寻找自己的
角色定位 |

是

| 员工是否真正理解了
自己的角色定位 | → | 不 | → | 帮助员工理解自己的
角色定位 |

是

| 所有角色定位是否都以
书面形式得到落实 | → | 不 | → | 书面落实已确定的所有
角色定位 |

工具表7：角色平衡工具表

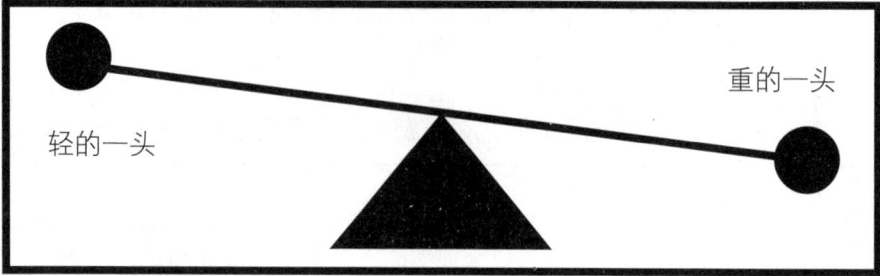

```
                                      重的一头

轻的一头
```

工具表8

表扬自省工具表	
（以下所有问题的回答都必须精确，有具体事实）	
我发现了员工的哪些闪光点？	
他的行为和以前相比，有什么进步？	
他的行为产生了什么积极意义？	
我应该在什么时候（除了现在）对他进行表扬，帮他了解自己的进步？	（"表扬法"几乎适用于任何时间、场所，如果目前确实存在不能使用"表扬法"的客观原因，请在这里填写相关理由）

工具表9：关于启发提问法

封闭性 vs 开放性	
你看到这对咱们团队造成的伤害了吗？	你觉得这会对咱们的团队产生什么影响？
你能不能别传闲话？	你觉得为了改变自己的行为，你需要什么帮助？
你凭什么传她的闲话？	这条流言究竟是因何而起的呢？

命令性 VS 零命令性	
你不能不传闲话吗？	你觉得如果你可以尝试着不传闲话，会有什么样的结果？
你就不能改改吗？	你如果可以改变一下自己的行为方式，情况会如何呢？
你如果继续这样还可能成功吗？	你觉得怎样做才能取得成功？

繁冗的 VS 简洁的	
你觉得自己传闲话的行为会对大家造成什么影响，怎样才能纠正这种行为？	为了逐步纠正传闲话的毛病，第一步应该做什么？
你认为自己传闲话的行为会对你个人的形象造成什么影响；如果情况继续下去，两年之后，你在团队中的口碑又会怎样？	在未来的两年中，你想为自己树立一个什么形象？
你为什么爱传闲话，它背后的原因究竟是什么，你在近期内准备如何改正这个问题？谈谈你自己的看法。	你传闲话的真正目的是为了什么呢？

工具表 10

责任监督工具表			
监督条款	验收时间		评价标准
需要完成什么目标？			
目标什么时候完成？			
目标完成后向谁提交？			
目标完成后提交到哪里？			
目标完成后如何提交？			

关于本书作者

在从康奈尔大学酒店管理系毕业之后，安妮·洛约（Anne Loehr）在大洋彼岸的非洲经营一家商务酒店及其附属的户外旅游商务公司长达13年之久。这期间，她曾经因为无法有效领导手下的500名肯尼亚籍雇员头痛不已。幸运的是，安妮最终不但战胜了困难，还通过实践，摸索出一套独具特色的管理理念。

在转行成为一名专业商业经营管理顾问之后，安妮与包括泛美航空公司、美国红十字会、国家情报管理中心等大型赢利或非赢利性知名机构的高层管理人士都有过令人愉快的合作经历，并且成功帮助他们解决了需要面对的各种问题。除此之外，她还受邀在CNN财富频道等知名媒体上做过专题讲座。

现在的安妮经营着一家名为"灵魂探险"的专业培训机构，专门为各行各业的高层管理人士提供企业管理方面的咨询、培训服务。除了本书之外，她还独立出版了一本名为《经理人指南：简单便捷地领导你的团队》的专著，并在《华盛顿邮报》上发表了收入本书附录A的研究论文。

杰斯拉·凯伊（Jezra kaye）从8岁开始，就在人际交往方面表现出过人的天赋，并将这种能力在成年之后继续发扬光广。13岁的时候，杰斯拉加入了一支默默无闻的小型乐队，准备追随心中那些爵士乐偶像们的足迹，在舞台上实现自己的价值。高中毕业之后，她来到了旧金山，进入伯克利大学主修心理学专业，同时继续自己的爵士乐生涯。6 年之后，杰斯拉回到波士顿，被一家专业爵士乐队录用，并且最终获得了音乐学士学位。学业有成的同时，她还幸运地找到了自己的另外一半。

1981 年杰斯拉随同丈夫迁居纽约布鲁克林区，开始尝试进入市场营销领域，并与超过 500 位以上的企业管理人士有过出色的合作。杰斯拉不仅为他们提供咨询辅导和相关培训，还为他们的下属员工安排专题讲座，编写各种讲义、教材，录制视频材料。这期间，通过与各色人等的广泛接触，杰斯拉积累了丰富的理论基础和实践经验。

今天，作为"为成功呐喊"公司的主要负责人，杰斯拉毅然孜孜不倦地为各行各业人士提供及时而有益地支持，帮助他们解决问题，寻找自信。为他们供职企业以及他们本人，做出了不可磨灭的贡献。

本书参考书目

1. 《找准自己的位置》，艾略特·鲍勃、凯文·凯洛尔，
   布隆明顿市，作者之家出版社，2005 年

2. 《经理人指南：简单便捷地领导你的团队》，埃莫森·布
   瑞恩、安妮·洛约，纽约美国商业联合会亚马逊（AMACOM）
   出版公司，2008 年

3. 《怎样恰当地与孩子交流》，法布尔·安德烈、艾拉妮·麦
   斯利，纽约哈勃出版公司，1999 年

4. 《聪明地讨价还价》，费雪·罗杰、布鲁斯·巴顿，纽
   约企鹅出版社，1991 年第 2 版

5. 《目标捷径》，弗兰克·米尔，纽约 Simon&Schuster 出
   版公司，1986 年

6. 《决定工作成败的 16 种性格》，克鲁格·奥托、希尔·路
   德雷杰，纽约戴尔出版公司，2002 年

7. 《策略地使用语言》，门德尔·菲利斯，纽约
   Simon&Schuster 出版公司，1995 年

8. 《把握谈话方向》，斯通·道格拉斯、布鲁斯·巴顿、
   雪莉·希恩，纽约企鹅出版社，1999 年

9. 《互动性引导》，怀特怀斯·卢拉、费尔·桑迪，大卫
   布兰克出版公司，1998 年

10.《经营中10种作茧自缚的愚蠢行为》，温盖特·拉瑞，纽约企鹅出版社，
2010年

11.《交谈的艺术》，切斯特·凯洛林，金斯维尔出版公司，2006年